中学校長のための入学式・卒業式＆行事のあいさつ集

田中洋一
監修

中学校スクール
マネジメント研究会
編

明治図書

序章　価値ある「あいさつ」をするために

学校における校長先生の仕事は多岐にわたります。その中でも、いろいろな人の前で「あいさつ」をすることは特に大事な仕事といえます。ここでいう「あいさつ」は口頭で話す場合と文章で示す場合を含みます。

この「あいさつ」の善し悪しで教育が充実したり、組織が円滑に動いたりします。また保護者や地域の方の理解や協力も得られるようになります。さらに、「あいさつ」が校長先生の人間性を伝えるよい機会となり、それによって受け手（読み手と聞き手）からの信頼を得たり、尊敬や親しみの念を得たりすることができます。このように大事な仕事である「あいさつ」ですので、校長先生方は時間をかけて周到な準備をされていますが、なかなかベストな「あいさつ」をすることは難しいというお声を聞きます。そこで、校長先生の「あいさつ」を価値あるものにするために、基本的な事項をまとめてみました。

1　表現の基本は「相手意識」と「目的意識」

「あいさつ」の中にはスピーチなどの「話す」と、手紙・通信などの「書く」がありますが、それはどちらも人間が自分の考えや思いを伝えるための表現活動と位置づけられます。表現活動を効果的に行うためには、発信者に明確な「相手意識」と「目的意識」があることが必要です。

まず、「相手意識」です。校長先生のお話は、時によって相手が「教員」「職員」「生徒」「保護者」「地域の人」「来客」などに変わります。受け手が「教員」なのか「生徒」なのかによって話の内容や話し方、用語などが変わるのは誰しも意識していることです。でも、ここではそれを一歩進めて、もっと細かく相手を意識することをおすすめします。例えば、同じ生徒でも「新学期、新しいクラスでまだ生活が不安定な状態」「長期休業明けで心身が本調子でない状態」「行事を目指して意欲が盛り上がっている状態」「部活の大会が近くて関心が部活動に移っている状態」など、その時期や条件によって集団の傾向は様々です。情報の受け手が、自分に必要な情報や有益な情報があると意識できる「あいさつ」だと、興味をもって受信できます。反対に、自分に関係ないと思う「あいさつ」には興味がわきません。校長先生の「あいさつ」の場合、受け手は個人でなく多数の場合がほとんどですので、広い層の受け手を想定しなくてはなりませんが、それでも今回の受け手はどのような状況の人たちが多い集団なのかを意識して内容を構成することが大切なのです。

次に、「目的意識」です。校長先生の「あいさつ」は様々な場面で行われますが、それらは伝達、啓発、激励、注意などの目的をもっています。

「伝達」は学校の方針や考えを受け手に伝える場合などがこれに当てはまります。生徒に対して、行事などの時程や詳しい内容を説明することは担当の先生の仕事でしょうから、校長先生は該当行事の意義や歴史、学校側が期待することなどを伝えることになります。これら「伝達」の中心は基本的に「事実」ですので正確さが求められます。文章ならよいですが、口頭の場合は不正確にならないよう伝える事柄を下書きなどに整理してから示すなどの工夫が必要です。

それに対し「啓発」は発信者の考えを伝え、受け手の考えを深めたり広げたりするものです。学校や校長先生の教育観を伝え、生徒や保護者、地域の方などに理解してもらうことがこれに当たります。この場合は校長先生の専門性や広い見識を受け手に感じさせることが説得力につながります。受け手の知っていることと知らないことを整理し、理論的にも筋が通っていることが大事です。

「激励」は進学、学習、行事、部活動など、直面する状況に応じて、受け手を励ますために行います。この場合は校長先生個人でのものなのか、教職員等を代表してのものであるのかを明らかにします。校長先生の心が伝わるよう情熱的な表現にすることも効果があります。

「注意」は主に生徒対象になるでしょうが、生活や学習における生徒の行動に対する助言や指示です。これも細かい部分は担当の先生の仕事になるでしょうから、校長先生は生徒の様子を見て、大局的に「人としての在り方」を含む注意になるようにしていきます。

このように相手と目的を意識して「あいさつ」を考えると、受け手の心に沁みるものになります。また、他の教員との役割分担を心得て、校長先生でなければできない格調の高さに裏づけられたあいさつにしたいものです。

2　特に音声による表現の場合

ここからは音声による「あいさつ」について留意する点をまとめます。

○原稿はメモで

「読む」と「話す」は別物です。式典の「あいさつ」などは、綿密に原稿を書いて臨むことが多いと思いますが、原稿を書くとそこから外れることが心配になり、どうしても原稿に頼りがちになります。そうなると目の前の聞き手が見えなくなります。話は相手の反応を見ながらするものです。原稿を見ていると聞き手が見えなくなるばかりか、原稿通りに読まなければいけないという意識が強くなり、読み間違えたときに動揺してしまうことも起きがちです。できれば原稿は大事な点を落とさないようにするためのメモ程度にしましょう。また、詳細な原稿をつくった場合でも、行間を広くとって書き、小見出しをつけるなどして見間違えないようにし、読むことに汲々としないようにしましょう。

○聞き手の反応を見て話の内容や構成を変える

「あいさつ」の原稿を事前に用意していても、聞き手の反応によって臨機応変に内容や構成を変えるようにします。特に朝会の「あいさつ」などで、中心的な話題でなく、話の導入のために用意したエピソードについては、生徒の関心が今ひとつ薄いようなら、別のエピソードに切り替えることです。そのためにはいくつかのエピソードを用意しておくとよいでしょう。

○聞き手が正しく理解できる語を使う

校長先生は教育の専門家です。しかし、生徒はもとより保護者や地域の方は基本的に教育の素人です。意味のよく分からない教育の専門用語が「あいさつ」の中に出てくると、趣旨が理解されないばかりか話し手に対する不信の念も生まれます。例えば「主権者教育」「観点別学習状況の評価」などの語は学校ではよく使いますが、その意味を正しく理解している一般の方は多くありません。まったく聞いたことのない単語なら聞き手もあとで質問したり調べたりしますが、多少聞いたことがある語の方が自分の想像で意味を解釈してしまい、かえって誤解が生じることが多いということもあります。専門用語を使わなければならない場合は、「……、これは教育の世界では主権者教育と言いますが……」のように、さりげなく説明を加えるようにします。

また、日常使われるカタカナ語（主に欧米語の発音を日本語化した語）も、意味が正しく理解されていない場合が多いものです。「アイデンティティ」「エビデンス」などの語は、よく使われますが、皆さんが共通の認識をもっているのかはあやしい語です。これは日本語に変えたり、説明を加えた表現にしたりします。

なお、「ユニバーサルデザイン」などは一般でもよく使われますが、この語は業界によって若干異なった意味に使われますので注意しましょう。さらに「ＩＣＴ」「ＯＪＴ」「ＰＩＳＡ」などの語は英単語の頭文字を並べただけの符号ですから、知らない人にはまったく分からない表現です。

また、同音異義語のある語などは他の表現に変えて誤解のないようにします。漢語は同音異義語が多いので文脈上で配慮するか、和語に置き換えるなどの工夫をするとよいでしょう。

○話の内容を精選する

聞き手が生徒にしろ保護者にしろ、校長先生が直接「あいさつ」をする機会はあまり多くありません。したがって、この機会に多くのことを伝えようとはりきりすぎないことが大切です。朝礼の話などは、そのときに最も必要な事柄は何かを考え、要点はせいぜい二つ程度になるように内容を精選したいものです。レジュメなどがない場合は特に聞き手の緊張感はそう長く続かないものです。

複数の内容を話さなければならないときは、「今日は○○と△△についてお話しします」とか、「今日は三つのことについてお話しします」のように冒頭でテーマの数や内容を示すことが聞き手の理解の助けになります。また話の途中に、「ここからは○○の話です」のような言葉を入れることで、話が整理でき、聞き手の負担が軽減されます。要はたくさんの内容を羅列型で話さないことです。

○非言語の要素や語調などに注意する

表情、動作などの言葉以外の要素はコミュニケーションのための大事な手段です。また語調や語勢なども含めた話し手の雰囲気も相手の聞く意欲や聞きやすさに影響します。会場が小さければ小さいほど、このことの重要性が増します。常に冷静で温かい人柄を表出できるとよいでしょう。

○録音して振り返る

自分の話し方や発音の癖はなかなか分からないものです。時々、自分の「あいさつ」を録音して振り返ってみることをおすすめします。なくて七癖と言いますが、話し方には個性があります。自分の個性を知ることで、表現の改善につなげることができます。

以上を参考にしていただくことで、先生方の「あいさつ」が今以上に価値あるものになれば幸いです。

（田中洋一）

もくじ

序章
価値ある「あいさつ」をするために

1　表現の基本は「相手意識」と「目的意識」　3
2　特に音声による表現の場合　5

第1章
入学式の式辞

自分が心から納得のできる本物の学びを始めてみよう　16
無限の未来を創造しよう　20
「わたし」という主語を立てよう　24
義務教育最後の三年間で、未来を創る人に成長しよう！　28

一人一人が毎日を楽しく過ごしてほしい　32
失敗は大きなチャンス　36
ダイヤモンドの原石を磨く　40
多様な「その人らしさ」を尊重し合うことの大切さ　44
新入生に期待する三つのこと　48
新しい出会い　自分を大切に、そして人の心をも大切に　52

第2章 卒業式の式辞

人と人との「絆」を大切に　58
未来を生きるみなさんへ～人は感謝の心で生かされている～　62
あきらめない心と言葉の温度を感じる心　66
自信をもって新しい世界に挑戦しよう　70
自分を信じ、未来を信じ、胸を張って歩き続けよう　74
夢に日付を入れると目標になる　78
未来を創り出していくみなさんへ～卒業生の限りない前途を祝福して～　82

「せい」と「おかげ」 86
地球上にたった一人の存在であるあなたへ 90
己を生かせ 94

第3章 行事のあいさつ

1年生を迎える会
ようこそ○○中学校へ～これから始まる中学校生活のために～ 100
新入生保護者会
中学校の教育にご理解・ご協力をお願いします 102
PTA総会
子どものよりよい成長を願って共に 104
PTA役員会
下請けではなくスタッフとして 106
修学旅行
歴史が創った夢と魔法の王国へ 108

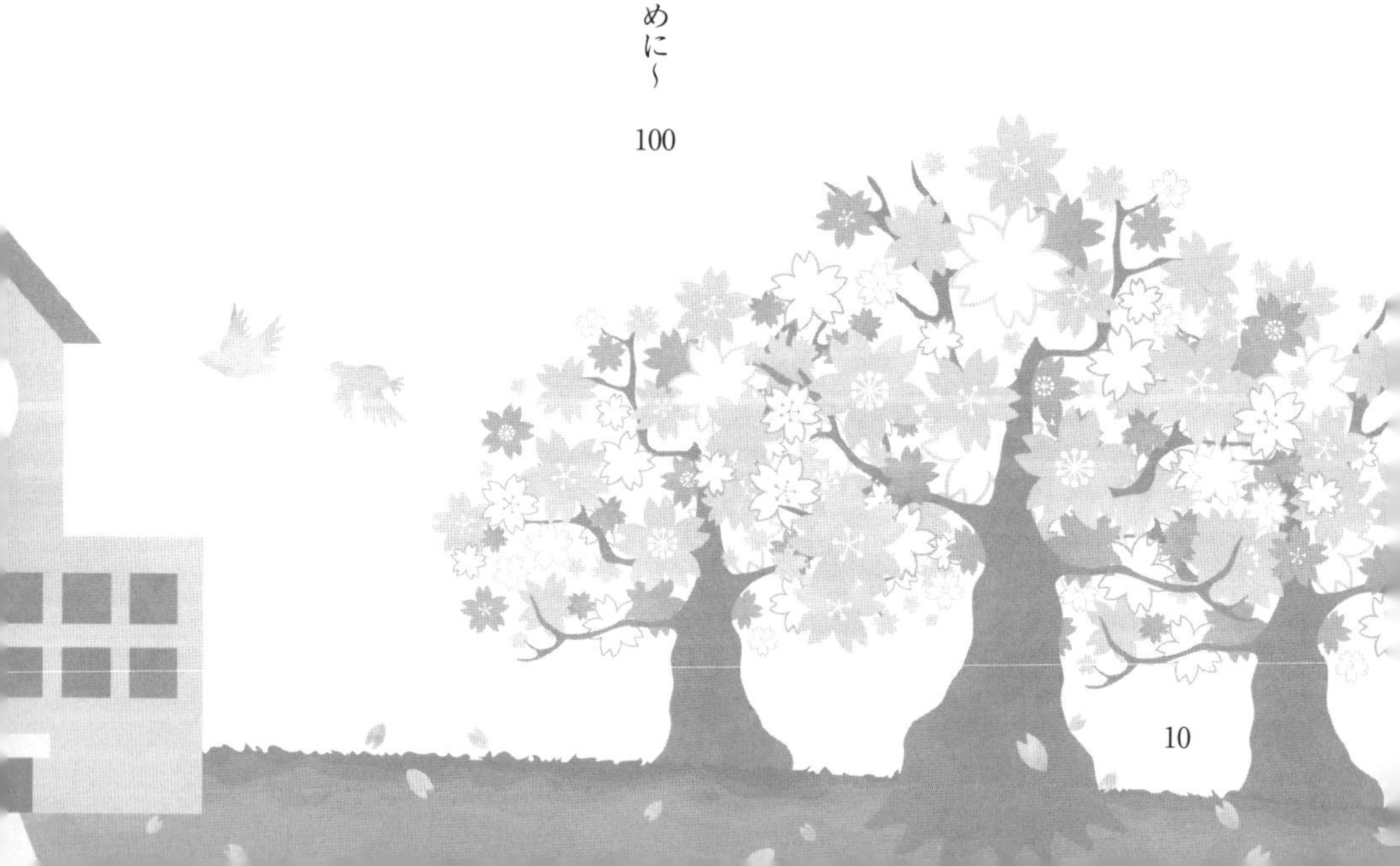

授業参観
視点と気づきの共有　110

学校運営協議会
学校運営協議会における校長あいさつ及び課題と解決策について　112

健全育成委員会（青少年育成地区委員会）
家庭で育て、学校で教え、地域で生かす　114

部活動指導員全体会
今日の部活動指導に求められる要件とは　116

遠足
計画の実行と責任　118

プール開き
水泳を学ぶ意味を知るプール開きに　120

臨海・林間学校
豊かな大自然に包まれた「臨海・林間学校」を全員で貴重な体験としよう　122

終業式（1学期）
生涯記憶に残る夏休みを過ごそう　124

生徒総会
「意見表明権」を正々堂々と行使できる生徒になることを期待して　126

生徒会役員選挙
生徒会役員選挙の有権者として　128

小学生体験授業
新しい挑戦にワクワクを　130

教育実習生の紹介
自分の気持ちを大切にした進路選択を　132

弁論大会
相手意識をもって伝える・聞く　134

セーフティー教室
ルールを守ってＳＮＳを　136

小・中連絡会
小・中学校、保護者、地域の連携・協働による健全育成に向けて　138

避難所運営委員会
練習は本番のつもりで、本番は練習のつもりで　140

始業式（３学期）
呼び名で自分を見つめ直す　142

スキー教室
「冬の雪山」を体感しよう　144

おめでとう

研究発表会
晴れの舞台に教職員への感謝を込めて……　146
卒業生を送る会
見えないバトンをつないでいく　148
修了式
修めたもの、引き継ぐもの　150
卒業生保護者会
しっかりと自己実現を図った卒業生！　152
離任式
新しい出会いの喜びを祝福する　154
開校記念日
明日の周年式典を前に　156
周年記念式典
フロンティア・スピリット　158

付録

学校だよりの巻頭言 話題と文例

4月 160
5月 162
6月 164
7月 166
9月 168
10月 170
11月 172
12月 174
1月 176
2月 178
3月 180

第1章　入学式の式辞

自分が心から納得のできる本物の学びを始めてみよう

［前略］

さて、新入生のみなさん、ご入学おめでとうございます。

○○中学校の２・３年生二百名と教職員五十名は、みなさんと一緒に学校生活を営めることを心待ちにしていました。みなさんは期待と不安が入り交じった複雑な思いで今日の入学式を迎えたことと思いますが、安心してください。本校には、みなさんの不安を吹き払い、ワクワクするような充実した毎日が待っていることを自信をもってお伝えします。今日からの中学校生活を思いっきり満喫してください。

ここでみなさんに一つ質問します。「中学校とは何をするところだ」と思いますか。（間）一人一人の夢は無限に広がっており、やりたいことをたくさん思い浮かべていると思います。

そこで、私は一つの提案をしたいと思います。それは、今日から、**自分**

□**概要**

新入生たちは、希望と不安がない交ぜになった複雑な気持ちを抱きながらも、大きな期待に胸をふくらませて入学式に臨んでいます。

そこで、中学校は何をするべき場所なのか、分かりやすい例を出しながら、できる限り具体的に説明し、明日からの中学校生活への期待を一気にふくらませてあげたいと思います。

ここでは本物の学びについて取り上げます。

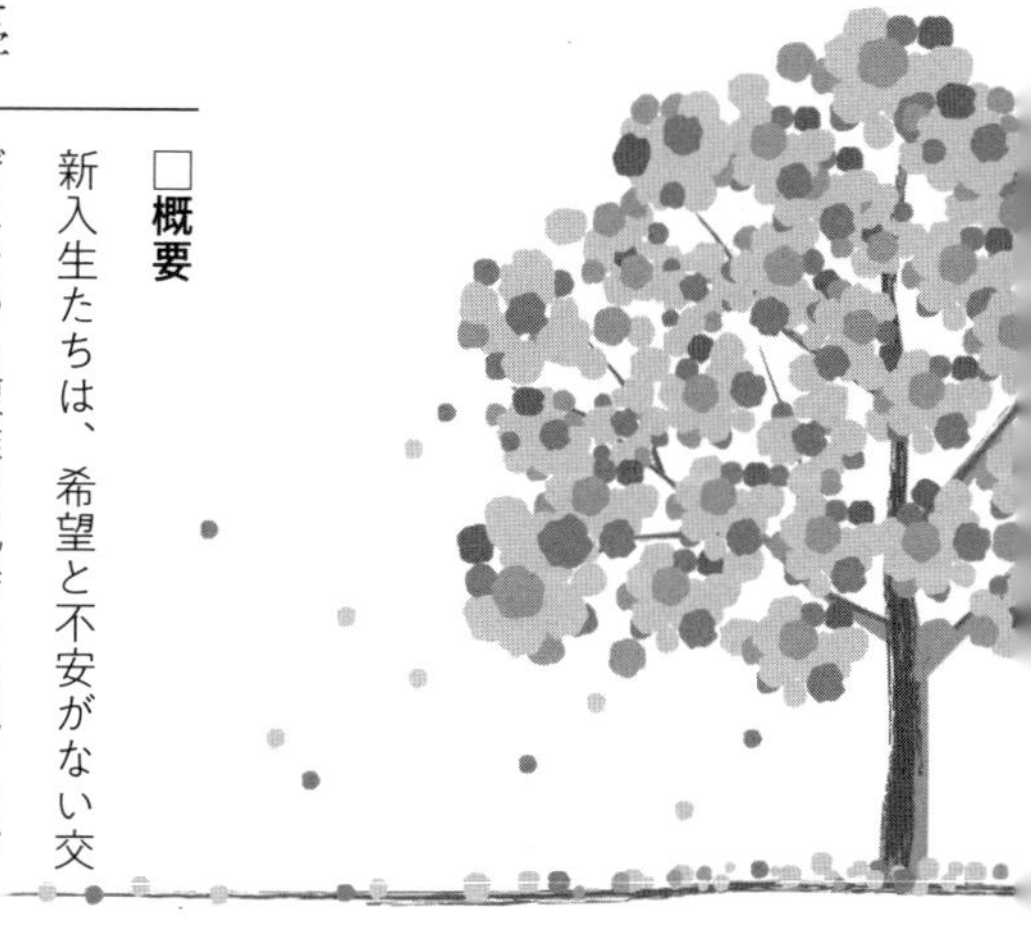

が心から納得のできる本物の学びを始めましょう、という提案です。

今から二千五百年ほど前の中国に、孔子という偉大な先生がいました。弟子が三千人いたといわれています。孔子が弟子たちに語った言葉をまとめた本が『論語』です。「孔子」と「論語」は小学校でも国語科や社会科の授業で学んだことと思います。この本の中で、孔子は「私は十五歳で学問を本格的に学ぼうと決心した」と述べています。当時の年齢は数え年でしたから、今の私たちの年齢に当てはめると、十三、十四歳です。孔子が学問をしようと考えたのは、ちょうど新入生のみなさんと同じくらいの年齢のときでした。中学校はまさにみなさんの人生に大きな影響を与える本物の学びを始めるのに絶好の場所であり、機会なのです。

では、本格的に自分の本物の学びを始めるためにはどのような準備が必要なのでしょうか。そこで、二人の学びを紹介します。

一人目は、２０１０年、千葉県内の小学校に通っていた吉岡諒人さんです。彼は昆虫が大好きで、自ら研究をしていました。吉岡さんは４年生のとき、ウスバカゲロウの幼虫であるアリジゴクは、羽化するまで排泄をしないということを知りました。しかし、「それは本当なのだろうか？」と小さな疑問を感じました。そこで、吉岡さんはアリジゴクが羽化するまで根気強く観察を続けました。その結果、アリジゴクは尿のような排泄物を

■ポイント

〔前略〕では、入学式の挙行にあたり、新入学を祝うために臨席されている来賓、保護者、地域住民へのお礼を述べます。

新入生に向けて、中学校は、自分の本当の学びに本気で取り組む時期、場所であることを伝えます。

そのために、十三歳という年齢は、新入生が小学校でも学んだ孔子が「吾十有五而志于学（吾十有五にして学に志す）」と述べた年齢と同年代であることを引き合いに、自分が納得できる本当の学びを始めようと呼びかけます。

学びのきっかけを、日々の生活や学校の様々な活動の場面で彼らが感じる素直な疑問に求めます。

出すことを突き止めました。夏休みの自由研究コンクールに応募したところ、見事大賞を受賞しました。吉岡さんの研究は、昆虫の研究を専門にしていた学者たちにも大きな衝撃を与え、マスメディアでも大きく報道されました。小学校4年生が、素直に感じた「本当だろうか？」という小さな疑問から始まった研究が、大人の常識を見事に覆したのです。

新入生のみなさんも、日々の生活や学校生活の中で、「なぜだろう？」「本当だろうか？」という素直な疑問をたくさん感じると思います。その疑問を、本気で考えたり、調べたりしてみませんか。

二人目は、２０１３年、愛知県内の中学校に通っていた村田一真さんです。彼は、２年生の夏休みの自由研究で、太宰治が著した小説『走れメロス』を取り上げました。「走れメロス」は、半世紀以上にわたり、全国の中学校2年生が国語の授業で習い続けている有名な教材です。みなさんも来年習います。さて、村田さんは、人質にとられた親友を救うために、メロスは必死に走ったと書かれている場面の、「路行く人を押しのけ、跳ねとばし、黒い風のように走った。（中略）犬を蹴とばし、小川を飛び越え、少しずつ沈んでゆく太陽の、十倍も早く走った。」を読んで、「本当だろうか？　実際にはどれくらいの速さで走ったのだろうか？」と素朴な疑問をもち、研究することにしました。そして、驚きの結論に達します。最後の

■ポイント

「素直な疑問」の例として、ここでは、最初に、２０１０年度日本昆虫協会のコンクールで見事大賞に輝いた吉岡諒人さんのアリジゴクの研究を取り上げました。素直な疑問が大きな学びにつながったという好例です。

次に、一般財団法人理数教育研究所の第一回「算数・数学の自由研究」作品コンクールで最優秀賞を受賞した村田一真さんの、小説『走れメロス』の研究を取り上げます。この例も、誰も信じて疑わないことであっても、本当だろうかと踏みとどまって考え、調べてみることの大切さを教える好事例です。

必死に走ったとされる場面ですら、メロスは時速5・3㎞、早歩き程度だったのです。つまり、メロスは一度も走っていなかったのです。人質になってくれた親友の命が刑場の露として消える寸前ですら、のんびり歩いていたのです。私も中学校時代に「走れメロス」を読んだ記憶がありますが、メロスは一度も走らなかったという事実はまったく思いも及びませんでした。村田さんの研究は、有名な小説家が書いた作品であっても、「書かれていることは本当だろうか?」と踏みとどまって考えてみることの大切さを教えてくれます。

この小学生と中学生の二人のそれぞれの研究は、自分の素直な疑問を大切にし、自分の力で考え、調べてみることこそが、自分だけの本当の学びにつながることを示しています。

さあ、みなさんは今日から中学生です。学ぶということは、授業を真面目に受け、知識を蓄積することだけではありません。自分が心から納得できる本物の学びを始めてみませんか。本校には、そんなみなさんの思いを実現するためのあらゆる条件をそろえています。いや、もし期待するものがなければ、遠慮なく求めてください。私たちはみなさんの学びを支えるための努力を惜しみません。

（新藤久典）

【参考文献・サイト】

・孔子「論語」（『新釈漢文体系1』明治書院）
・日本昆虫協会ホームページ
・一般財団法人理数教育研究所ホームページ

無限の未来を創造しよう

　例年よりも早く春が訪れ、若葉も美しく萌えいで始めたこのよき日、○○中学校の門をくぐった新入生のみなさん、ご入学おめでとうございます。そして、ようこそ、○○中へ。

　今日、みなさんは、本校の生徒となりました。教職員一同、みなさんの入学を心より歓迎いたします。

　みなさんの表情からは、新しく始まる中学校生活に希望や期待を抱き、がんばろうという気持ちが伝わってきます。ぜひ、今の気持ちを長くもち続けてください。

　ところで、みなさんは十年後、二十年後、そして数十年後に、どこで何をしているでしょう。一年前の今頃、来年は中学生になっていると誰もが分かっていましたが、中学校卒業以降のことはそうはいきません。誰にも

□**概要**

新入生が希望を胸に秘めていることを踏まえ、未来には無限の可能性があり、自分の思い描くように創造できると伝えることで、中学校生活への期待をさらに高めることをねらった式辞です。大切にしてほしいと掲げた三点を目標として心に刻むはずです。

■**ポイント**

敷かれたレールの上を進むのは中学校までと話すことで、主体性をもつ

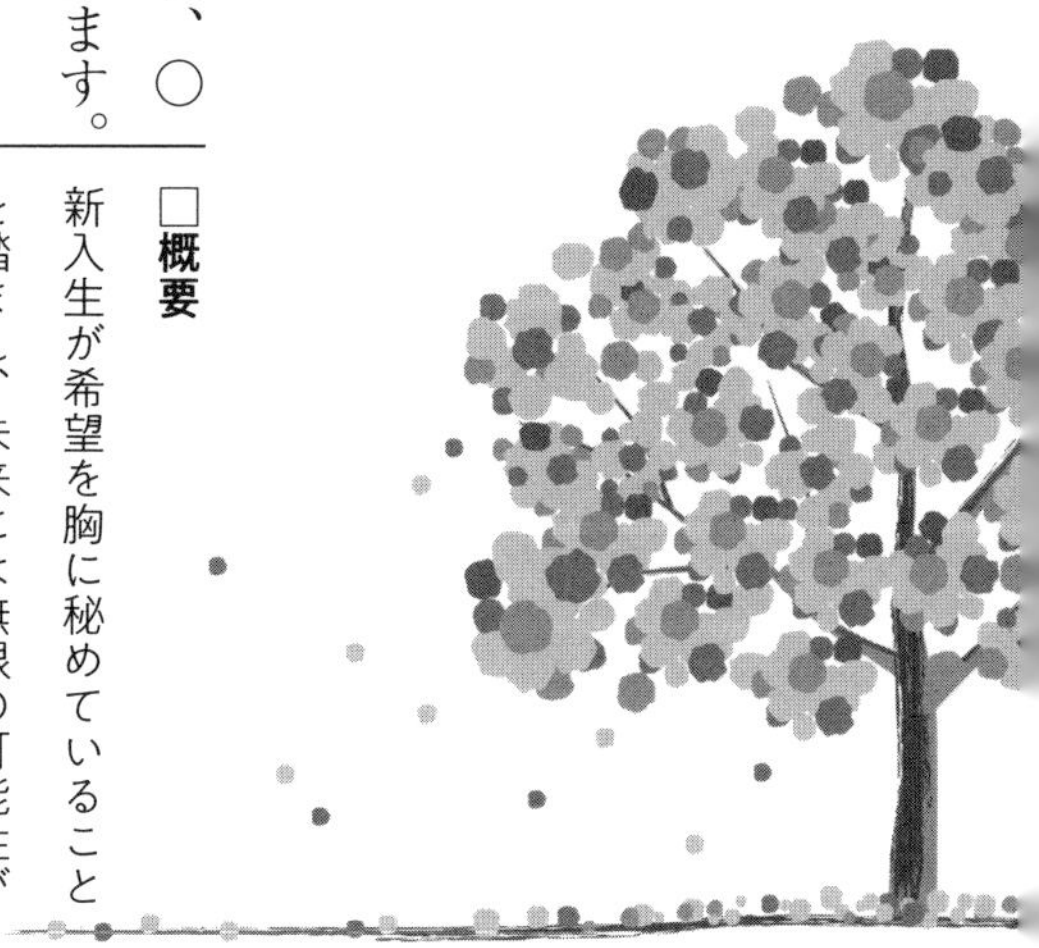

分からないのです。しかし一つだけ、はっきりと分かっていることがあります。それは、一人一人の前に広がる未来は無限だということです。だからあなたたちは、いえ、あなたは、その未来を自分の思い描く通りに創っていけるのです。すばらしいことです。

中学校は、そんなあなたたち一人一人が、身と心の両面で健全な社会人へと成長するとともに、あなたがあなたに合ったあなただけの未来を見つけられるようにするための学校です。ぜひこれからの三年間で、あなたの未来や可能性を切り拓いていきましょう。そのために大切にしてほしいことを、三つ伝えます。

一点目は、自ら律することです。常に目標をもち、それを実現するために、自分で自分の気持ちや行動をコントロールできるようにしましょう。

二点目は、他の人との共生、つまり共に生きることです。自分以外の人を尊重し、多様な人の考え方を理解し、共に歩めるようにしましょう。

そして三点目は、新しいものを創り出すことです。常に変化する時代の中で、自分のもつ知識・技能などから新しい知識・技能・概念等を生み出せるようにしましょう。

ことが重要との意識を生徒にもたせます。

■ポイント

進路への期待をもたせます。

■ポイント

伝えたいことは三点以内に絞ります。ナンバリング・ラベリングの手法で話すのが効果的です。

これら自律・共生・創造の三点は、本校の学校教育目標です。この目標に向かって、「自分で決める」ことを常に心がけ、実行してください。これらを日々繰り返していくことで、あなたはぐんぐん成長します。そして私たち教職員は、みなさんの成長を全力で応援し真剣にサポートしていきます。共にがんばりましょう。

保護者の皆様、本日は誠におめでとうございます。標準服に身を通したお子様の姿に感慨もひとしおとご推察いたします。そのお気持ちに応えるべく、本校教職員一丸となって指導・支援に当たってまいることをお約束いたします。

社会は複雑化し、価値観も多様化しています。学校と家庭とで、教育に対する考え方が異なることがあるかもしれません。しかし、学校も家庭も、子どもにとって大事な居場所であること、そして子どものよりよい成長を願うのは、私たちも保護者の皆様もまったく同じです。この思いを共有し、一緒に考え、よく話し合い、時に役割を分担し合いながら育ててまいりたいと思っております。どうぞよろしくお願いいたします。

最後になりましたが、ご多用にもかかわらず、本日ご臨席賜りました御

■ポイント

「社会は複雑化し～思っております」は、なくてもよいのですが、学校と家庭との協働について私はあえて入学式式辞で呼びかけています。

来賓の皆様、日頃から本校をご支援いただいておりますことに感謝申し上げますとともに、本年度もより一層のご支援を賜りますようお願い申し上げ、校長式辞といたします。

（三田村裕）

■ポイント

来賓の臨席への謝意は冒頭で述べることが多いのですが、私はまずは主役である生徒に話したいので、最後に述べています。

「わたし」という主語を立てよう

長いコロナ禍も、ようやく出口の明かりが見え始めるようになりました。ここ数年、様々な制約のもとで開催してきた入学式も、今日は多くのみなさんをお招きし、開催することができます。○○市教育委員会○○様をはじめ、多くの御来賓の皆様、保護者の皆様に見守られ、○○名の新入生が、本日ここに中学校生活のスタートを切ります。

新入生のみなさん。みなさんは中学校生活にどのような期待を抱いているでしょう。教科ごとに専門の先生に指導してもらえる勉強、スキー教室や合唱コンクールなど小学校にはない学校行事、そして様々な部活動。不安もあるかもしれませんが、大きな期待を抱いて、今日校門をくぐったのではないかと思います。

しかし、私は今日みなさんに伝えたいと思います。多くのみなさんが今

□概要

新たに入学してきた新入生は、中学校生活に様々な期待をもっています。しかしどこかで「様々なことを教えてもらえる」という、受け身の発想があるようにも感じています。生成AIが身近なものになる中で、「教えてもらう」だけでなく、自分自身の経験や学習に基づき、主体的に考えていくことが必要であり、そういう経験を積んでほしいという趣旨の式辞です。

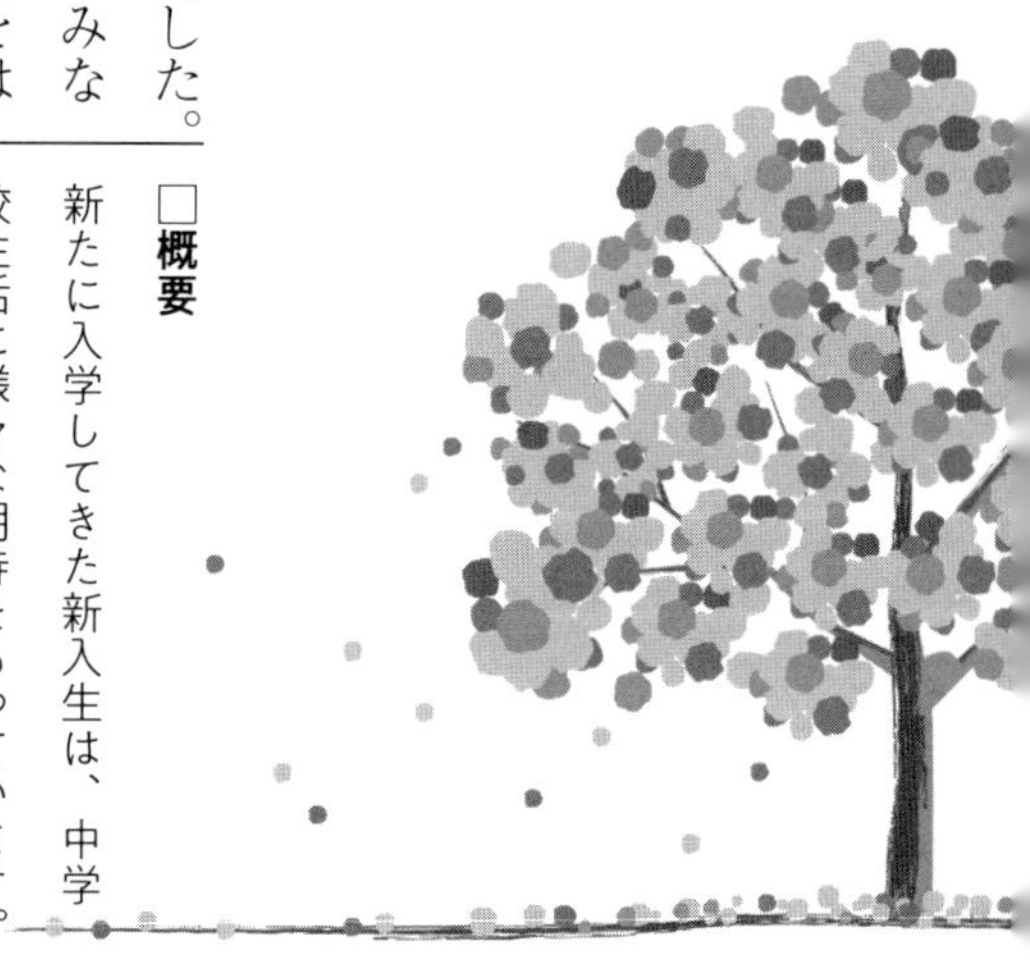

中学校生活に抱いているイメージ。そこから離れることが必要です。みなさんには○○中にとどまらない大きな視点で、これからの三年間の自分の生活を見つめ、考えてほしいのです。

ほんの半年ほど前、「ChatGPT」という対話型のAIが公開されました。様々な質問に対して、AIが膨大な情報の中から正しいと思われる回答を生成し、たちどころに答えてくれるというものです。無料で公開されているので、使ったことのある人もいるかもしれません。このChatGPTが、瞬く間に世の中を席巻しました。ある大学の入学式では、学長がChatGPTの作成した式辞を読み上げ、先日の国会では議員が首相への質問をChatGPTで作成しました。アメリカでは、司法試験の問題に対してはすでに合格圏というレベルまで来ているといいます。

社会は大きな変革に直面しています。「これまで通り」ではやっていけない、新たな社会へと変化しようとしている。私たち中学校は、そういう社会に踏み出していくみなさんに、そこで生きていけるだけの力をつけていかなければいけないと思っています。「これまでの中学校のイメージから離れることが必要」というのはそういうことです。

■ポイント

この原稿は令和5年度の入学式で使用したものがもとになっています。前年の11月頃、初めてChatGPTに触れた驚きが動機になったものです。生成AIの発展はまさに日進月歩です。状況は日々進化していますので、そのことには十分注意してください。

では、みなさんにはこれから、いったい何が求められるのでしょう。様々な要素がありますが、一番大切なのは、「わたしという主語」をきちんともつ力をつけることだ、と思っています。例えば、「勉強を教えてもらう」というとき、主体は教える側の先生です。「教えてもらう」みなさんは、受け身の存在になります。こういう受け身の勉強の仕方は、ＡＩの得意分野であり、人間にはとても太刀打ちできません。であればこそ、勉強に際して「わたしという主語」をきちんと立てて、臨むことが必要になってくるのです。主語である「わたし」はどう考えるのか、そう考える理由は何なのか、それを周りの人に納得してもらうにはどう説明すればよいか。インターネット上にある情報だけを組み合わせるのでなく、主語である「わたし」の中にある情報や経験、感情などと組み合わせて、最も適切だと思える答えを生成していく。それがＡＩにはできない、「わたし」にしかできないことなのです。この三年間で、そういう学習の構えをつくること。それがみなさんにとって重要なこととなります。

そしてこの答えの質を上げるのが、「わたし」の中に蓄積された、様々な知恵や経験です。いろいろな本を読んで納得したり感動したり、時には反発を感じたりすること。友達と話したり一緒に何かすることで、成功したり、失敗したりすること。スポーツでもアニメでも、自分の好きなこと

■ポイント

最も伝えたい部分です。読み上げる際には、「　」で括った部分がきちんと伝わるように意識して読み上げます。

を調べたり、そのよさを人に話したりすること。力や技術を身につけるために、つらい練習を重ねること。そういう材料をたくさんもっている「わたし」が、知恵や経験を生かしながら、未知の問題と切り結び、問題を解決していく。それが、これからの社会に求められる姿なのだと思います。どうか○○中で過ごすこの三年間で、「わたし」という主語を立て、様々なことに向き合う力を身につけてください。先生たちも支援は惜しみません。ただし、繰り返しますが、あくまでも主語は「わたし」であるということ。そのことを忘れずに三年間を過ごしてほしいと思います。

保護者の皆様、本日はお子様のご入学、誠におめでとうございます。卒業式からまだ二週間なのに、見違えるほどたくましくなったお子様の後ろ姿をご覧になりながら、驚かれているかもしれません。これからの三年間で、さらに心も体も成長していかれることでしょう。どうか温かに見守り、お子様の成長を支援してくださいますよう、お願いいたします。

新入生のみなさん。これから始まるみなさんの中学校生活が実り多いものになりますよう、期待をお伝えして、私の式辞とします。

（栗林昭彦）

■ポイント

ここで「答えの質を上げる材料」として挙げているいくつかのことについて、さらっと読むのではなく、聞いている生徒が一つ一つをイメージしてくれるように、ある程度間をとりながら読みます。

義務教育最後の三年間で、未来を創る人に成長しよう！

満開の桜の花びらが新たな時代の到来を感じさせる春のよき日、〇〇市教育委員会〇〇様をはじめとする御来賓の皆様ならびに保護者の皆様のご臨席を賜り、本日、令和〇年度〇〇市立〇〇中学校第〇回入学式をここに挙行することができますことを、心から御礼申し上げます。

ただいま呼名しました〇〇名の新入生のみなさん、ご入学おめでとうございます。今日からみなさんは〇〇中学校の一員です。教職員一同、みなさんのご入学を心から歓迎いたします。

さて、入学式にあたり、最初にみなさんに覚えてもらいたいものは、本校の教育目標です。本校の教育目標は、「創造」「共生」「健康」の三つです。「創造」とは柔軟な発想で新しいことを生み出す力、「共生」とは様々な人と協働して共に生きていく力、「健康」とは心と体を元気な状態にで

□概要

新入生に、中学生としての自覚や覚悟をもたせるために、小学校とは異なる厳格さをもった儀式的行事の雰囲気を醸し出せるあいさつとなるよう、義務教育の目的を踏まえた内容にしています。また、生徒にとって最初の授業となることを鑑み、学校の教育目標を生徒や保護者にしっかり伝え理解してもらう内容としました。

きる力を表しています。みなさんには、この「創造」「共生」「健康」の三つの力を、義務教育最後の三年間となる本校での学びを通してしっかり身につけ、これからの社会の形成者として未来を創り出す人になってほしいと思っています。

今、世の中は大きく変化しています。科学技術の急速な進歩や、世界中を震撼させたコロナ禍など、これまで経験したことのない出来事が世界中で起こっています。いったいこれからの未来社会はどうなるのでしょうか。みなさんはどのように考えますか……。実は、未来は用意されているものではないのです。未来の社会がどのようになっていくのか、それは決まっているものではありません。未来は、これからこういう世の中になってほしいと考える人たちが、創り出していくもの、築いていくものなのです。

これまでも新たな発明や人々の動きによって、時代は変化してきました。例を挙げると、みなさんがよく知っているアメリカのメジャーリーグで大活躍している野球の大谷翔平選手も、未来を創った一人といえるでしょう。これまで不可能だといわれてきた二刀流、ピッチャーとバッターを両立することを、自分の夢を叶えるために努力して実現し、野球界の未来を切り拓いたのです。

みなさんにも、可能性は無限にあります。これからの三年間の学校生活

■**ポイント**

義務教育の目的を踏まえ、中学校は社会の形成者として必要な資質を養う場であること、未来はみんなの手で拓かれていくものであるということについて、新入生や保護者が理解できるように平易な言葉遣いや問いかけを活用しています。また、校長としての理念を伝えられるように工夫しています。

の中で、多くの仲間とともに学び合い、鍛え合い、高め合うことによって、創造する力、共生できる力、健康でいる力を高めていってください。そして、自らの力を高めると同時に、学校や地域、社会のために自分は何ができるかということについても考え続け、未来を創る人に成長していってほしいと思います。

保護者の皆様、お子様のご入学、誠におめでとうございます。心からお祝い申し上げます。これからの三年間は、お子様が心も体も大きく成長する時期になります。成長の過程として、大人よりも仲間同士の付き合いを大切にしたり、友達や先輩などから大きく影響を受けたりすることもあるでしょう。だからこそ、ご家庭と学校とが信頼し合っていくことが、これまで以上に大切になります。心配なことや気になることがありましたら、いつでも遠慮なくご相談ください。本校では、保護者や地域の方と連携しながら、教職員が一丸となってお子様一人一人のよさや可能性を引き出し、伸ばす教育を進めてまいります。ご理解・ご協力をどうぞよろしくお願い申し上げます。

御来賓の皆様、本日は新入生のためにご臨席を賜り、誠にありがとうございます。教職員一同、子どもたちの健やかな成長のために誠心誠意努め

■ポイント

保護者が最も多く集まる入学式であるからこそ、家庭と学校とが同一歩調でいることの重要性を理解してもらうために、中学生の発達段階における特徴を伝えています。

てまいります。これからも引き続き、生徒たちの姿を地域で見守っていただきますようお願い申し上げます。

新入生のみなさん、いよいよ今日から中学校生活が始まります。本校の生徒となった自覚をもち、そして今、みなさんが胸に秘めている夢や希望、決意をもって、中学校生活を楽しく充実したものにしていきましょう。

本日が、みなさんにとって忘れられない素敵な門出の一日となることを祈念し、式辞といたします。

（中嶋富美代）

■ポイント

最後は、明るく前向きなトーンで終わり、中学校生活への期待を抱かせるようにします。

一人一人が毎日を楽しく過ごしてほしい

新入生のみなさん、ご入学おめでとうございます。みなさんの入学を心から歓迎いたします。

担任の先生から一人一人の名前を呼ばれ、背をまっすぐに伸ばした姿勢、そしてしっかりと返事をした声に、「今日から中学生としてがんばろう」という意気込みを感じました。こうしたみなさんの姿は、「凛とした中学生」の基本であり、心強く思いました。つい二週間前まで小学生であったとはとても信じられず、ご家族も小学校の先生方も、きっと喜んでおられることと思います。

さて、この入学式でみなさんにどんな言葉を贈ろうかと考えていました。私は、みなさんの希望に満ちた姿勢から、「一人一人が毎日を楽しく過ごしてほしい」というメッセージを贈ることに決めました。

□**概要**

新入生のしっかりとした姿勢をほめ、歓迎の意を表すとともに、周囲の人も喜んでいることを伝え、心を和ませます。

「楽しく過ごす」という当たり前のことながら、「全員が」「いつも」楽しいというのは一人一人がきちんと意識することが大切であることを伝える式辞です。

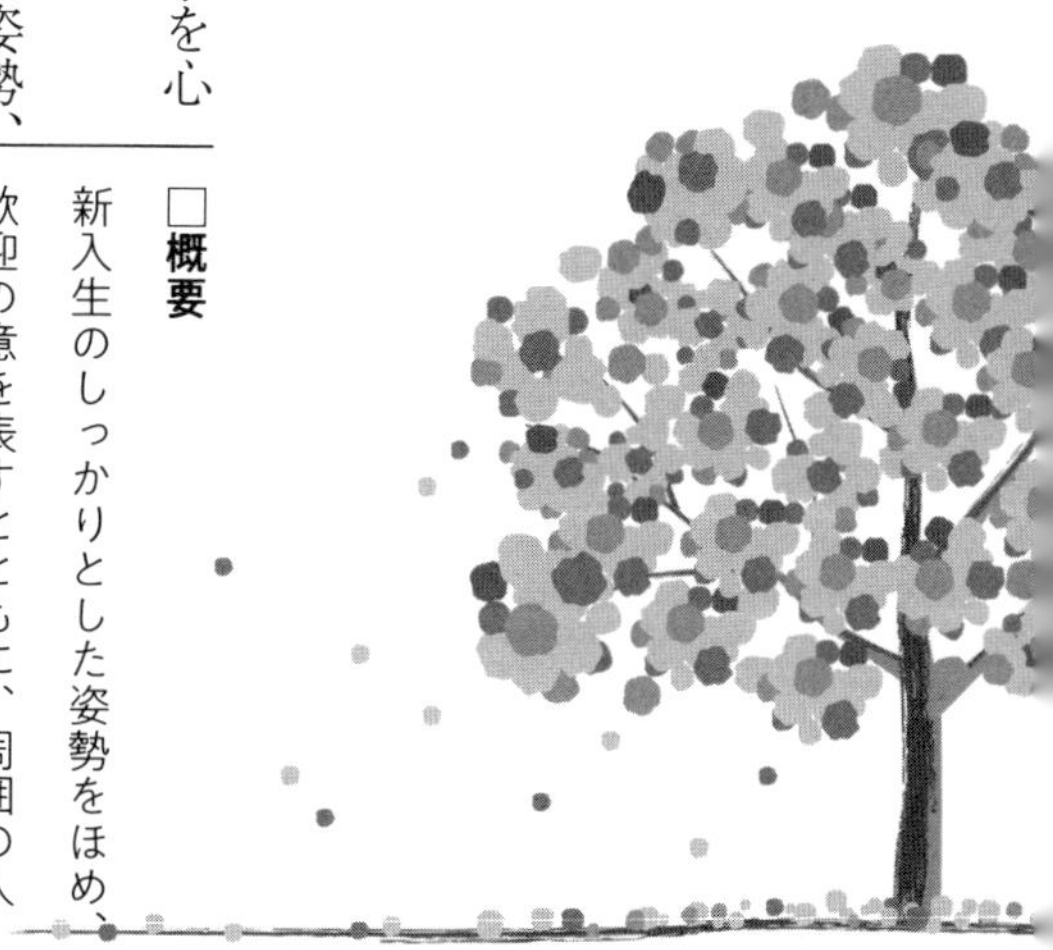

「毎日を楽しく過ごしてほしい」と聞いて、「えっ、楽しいだけでいいの?」と思った人もいるかもしれません。しかし、私は「楽しい」ことこそ、生きる活力であり、それこそ究極の目的ではないかと思うのです。ただし、楽しいのは「今」だけではなく、これから先もずっと、中学校生活を楽しく過ごしていってもらいたいと思います。この思いは、きっとご家族の方々と同じだと思います。また、本校の教職員やご臨席いただいた御来賓の皆様も、そう思ってくださっていることと思います。

みなさんに今日お話ししたいのは、「今」が楽しければいいということではなく、楽しい時間がずーっと続くにはどうしたらいいのか……ということです。

「今だけ楽しければいい」と、「これから先もずっと楽しく」とは、ずいぶん違います。また、学校は多くの人が共同で生活する場です。そうした集団の中で「自分だけが楽しければいい」のか、「ここに集う全員が楽しく過ごす」のかでも言動が変わってくると思います。

まず、「今」か「これから先ずっと」なのかという時間軸のお話をします。みなさんが三年後に卒業するとき、自らの進路をしっかりと将来を見据えて決定できているでしょうか。その後、人生に彩りをくれる役割や仕事をきちんと見つけることができるでしょうか。

■ポイント

「楽しい」には、個にスポットを当てた「時間軸」と、集団にスポットを当てた「空間軸」の両面があることを説明していきます。

中学校生活三年間の中で、必要な能力を十分身につけることができていなければ、卒業後、楽しく生活することはできません。日々を楽しく生活するにも、次々と起こる自分自身の課題や集団生活で起こる問題を解決するため、コミュニケーション能力や、相手を尊重したり、自分を抑えて我慢したりする力なども身につけることが必要になってきます。

つまり、みなさんがこれからの人生を、できるだけ楽しく過ごすためには、中学生のうちに、将来の人生を楽しく豊かにするために必要な身につけるべき素養を、確実に獲得しておく必要があるのです。一人一人が、これから先ずーっと楽しく過ごすには、「今を楽しくする」時間はもちろん大切ですが、「これから先もずっと楽しく過ごしていく」ために使う時間がとても大切です。この二つの時間をしっかり分けて、いろいろなことにどんどん挑戦し、自分自身の力を蓄えていってほしいと思います。それが、楽しい時間を過ごすことにつながります。

次に、空間軸のお話です。学校では自分自身も含め、たくさんの人が共同で生活しています。そうした中で、「自分だけ楽しい」と、「みんなと一緒に楽しい」とでは、「楽しい」の中身が違ってきます。

スポーツの試合が一番分かりやすいかもしれません。どんな競技でも、

■ポイント

時間軸で大切なことは、「今」だけではなく、「これから先」を考えることです。「今」だけではないことを訴えます。

全員が優勝したり、全チームが勝ったりすることはありません。優勝すればうれしいし、勝てば楽しい世界が広がります。でも、参加した全員がその喜びを味わえるわけではありません。むしろ、勝つのはほんの一握りの人なのです。しかし、正々堂々ときちんとしたルールのもとで、最大限の努力をして取り組むことは、とてもすばらしいことです。そのように取り組めば、競技自体を楽しいものにできますし、その交流を通じてお互いを高め合うこともできます。スポーツでは、自分だけが勝って楽しい思いをしようとするのではなく、たとえ競争相手であったとしても、取組を通じて一緒に高め合い、最終的にはお互いに楽しい気持ちになるにはどうしたらいいかを常に考える姿勢こそが大切だと思います。

これを日頃の学校生活に置き換えてほしいと思います。一部の人だけが楽しんでいる集団には、陰で苦しんだり嫌な気持ちを抱いたりしている人がいるものです。学校には集団で取り組む行事がたくさんありますし、日々の活動も力を合わせて進めていきます。そういうとき、みんなで決めたルールのもとで誰一人取り残さず、楽しい思いを共有するための努力ができれば、必ずその空間は笑顔で埋め尽くされると思います。新入生のみなさん、笑顔あふれる学校を共につくっていきましょう。

（井上貴雅）

■**ポイント**

「一部」の人ではなく、「全員」が楽しい学校生活となるよう希望をもたせ、話を閉じます。

失敗は大きなチャンス

新入生のみなさん、ご入学おめでとうございます。

在校生、教職員一同、みなさんの入学を心待ちにしていました。

今日のよき日、○○区○○　○○○○様、本校ＰＴＡ会長○○○○様をはじめとして、多くの来賓の皆様のご臨席を賜り、入学式を挙行できますことは、大きな喜びでございます。心より御礼申し上げます。

さて、新入生のみなさんは、新たな中学校生活に向け、期待と不安を胸に今日の日を迎えたことと思います。

中学校は、子どもから大人になっていく最初の段階。心も体も今まで以上に大きく成長していくときです。これからの三年間で経験し、身につけた力は、みなさんがやがて大人となり、この世の中・社会をつくっていくときに生かされる、大きな力となります。これから出会う人とのやりとり

□**概要**
人生の節目、新たなスタートの場である入学式は、希望と晴れやかな雰囲気に満ちています。一方でこれからの三年間には悩みも多く、その中での成長が大切な人生の糧となります。中学校生活の始まりにあたり、失敗と感じることはマイナスではなく、成長のチャンスであることを伝えます。

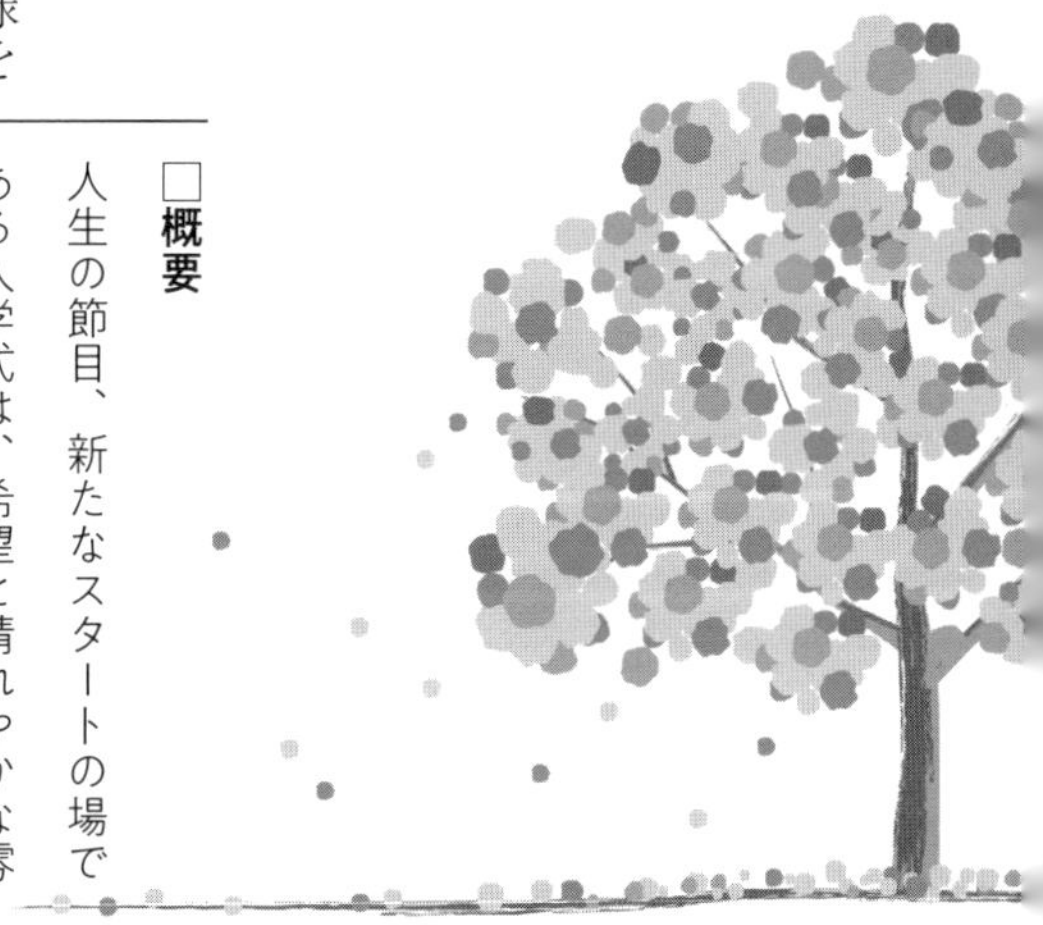

や、自分が体験することを大事な学びのチャンスと捉え、一瞬一瞬を大切にして過ごしましょう。この学校の先生、職員が全力でみなさんをサポートしますから、安心して様々なことにチャレンジしてください。

さて、今日は、これから始まる中学校生活の中で大切にしてほしいことを一つお話しします。

それは、「失敗すること」です。

「失敗」は、人を成長させます。みなさんは、これまでの人生で、どのくらい失敗してきましたか？　私は今日まで、数えきれない、数々の「失敗」をしてきました。そのたびに、悲しくなったり、悔しがったり、しょんぼりしたりしました。それでもこうして生きてこられたのは、その「失敗」が、自分の行動を見直したり、「次はこうしていこう」と目標をもったりすることにつながったからです。

海外には、次のような表現があるそうです。

「早く、たくさん、上手に、失敗しよう。そして前向きに行動すること」

一生懸命取り組んでいても、私たちは失敗をするものです。その失敗が、自分を成長させるもとになるのだということを忘れずに生活していきましょう。

■ポイント

伝える話題の数はできる限り少なくし、緊張した場でも印象に残るようにします。

■ポイント

楽しいことばかりではない学校生活も、一つ一つの経験に意味があり、自分自身の成長のチャンスであるという捉え方を具体的に伝えます。

失敗を成長のもととして生きていくために大切なことが二つあります。

一つ目は、「失敗を素直に認めること」。

学校は失敗していいところです。「失敗した……」と気づいたら、勇気を出して認め、必要であれば「ごめんなさい」と謝って、その経験を土台にして新たな行動を起こしていきましょう。

二つ目は、「上手に失敗すること」。

学校は失敗していいところですが、避けなければならない失敗もあります。「上手に失敗する」とは、避けるべき失敗は、はじめから起こさないように努力すること。また、そのような失敗に気づくようにすることが肝心です。

では、避けるべき失敗とは何でしょうか。それは、「命」「心」「体」を傷つけるような失敗です。この失敗を感じたり、見たり聞いたりしたときには、一人で抱えず、周りに相談したり頼ったりしてください。そして自分だけではなく、周りにいる友達も、大人も、失敗しながらよりよく前進していこうとしている仲間だということを思い出し、時には声をかけ合い、協力して前進していきましょう。

みなさんには、この学校にご縁があって集まり、一生懸命に努力を重ね

■ポイント
悩むときには抱え込まずに周囲に「相談する」という視点を与えます。

てきた卒業生、教職員、地域の方々が味方となって寄り添っています。そのことを忘れず、勇気と感謝の気持ちをもって日々学んでいきましょう。

改めまして保護者の皆様、お子様の中学校ご入学、誠におめでとうございます。本日より、大切なお子様を〇〇中学校の生徒としてお預かりいたします。教職員一丸となり、一人一人を大切に育んでまいります。

結びに、本日ご臨席を賜りました御来賓ならびに保護者の皆様に、今後も生徒の健全育成のため、本校の教育活動へのお力添えを心よりお願い申し上げまして、式辞といたします。

（秋庭加恵手）

ダイヤモンドの原石を磨く

新入生のみなさん、ようこそ〇〇中学校へ。みなさんの入学を心から歓迎いたします。

保護者の皆様、お子様のご入学おめでとうございます。

本校の〇〇年度入学式にあたり、公私ともにご多用な中を、日頃より本校を支えていただいております、御来賓の皆様にご臨席を賜り、このような盛大な入学式を挙行できますことに対して、心より御礼申し上げます。

新入生の成長を温かく見守っていただくとともに、今後も引き続きご激励とご支援を賜りますようお願い申し上げます。

保護者の皆様におかれましては、中学生という、揺れ動きつつ大きく成

□概要

中学生になることは、子ども本人にとっても、保護者にとっても、一段高く成長する機会です。入学式は、そういった意味で誇りをもって出席する第一日目です。したがって、校長式辞も少しだけ難しいエピソードを用いて、参加者の意識を高めることが大切です。学校だけでなく、保護者や周りの大人を巻き込むよう、メッセージを込めた式辞です。

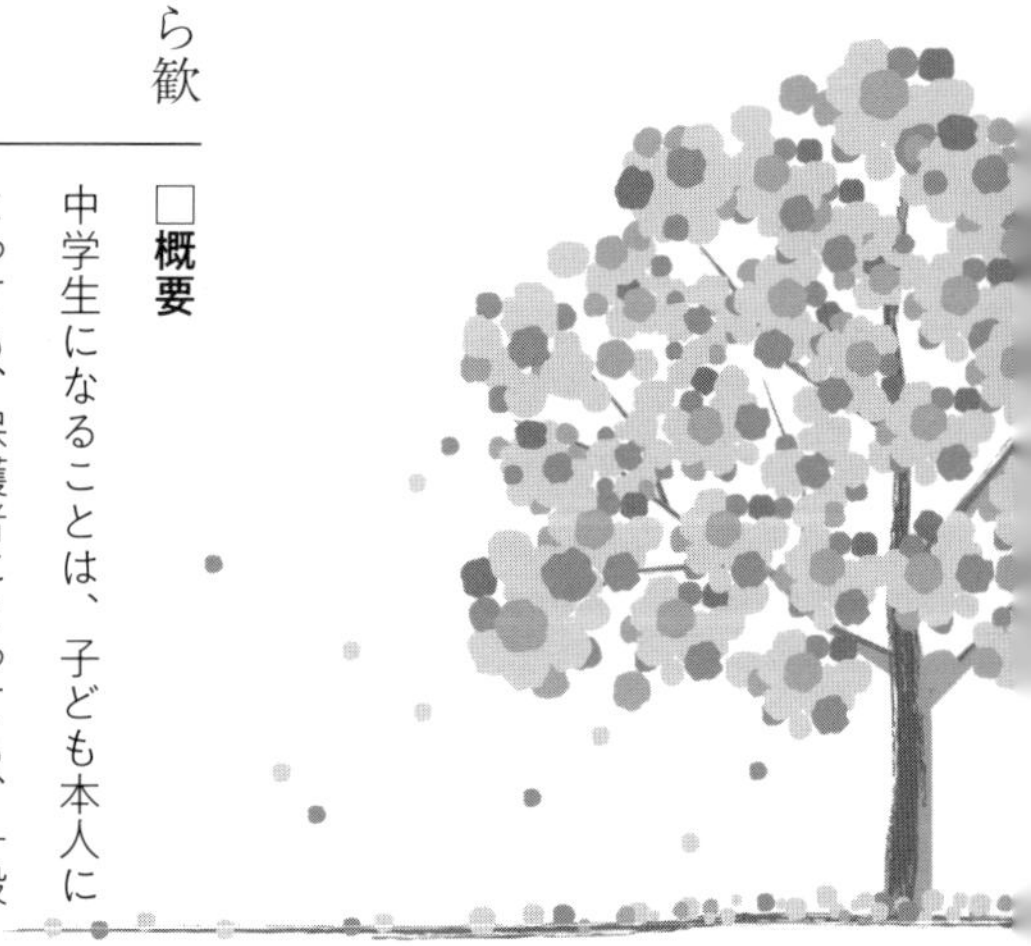

長する三年間において、子どもたちのために、教職員とともに力を合わせつつ、子どもたちの成長を支えていただければ、と思います。

私たち、○○中学校教職員一同は、皆様方のご期待に応えるべく、心を一つにして、全力を挙げて、教育に当たる所存でございます。どうぞよろしくお願い申し上げます。

さて、○○名の新入生のみなさん、改めて「入学おめでとうございます」。私は毎年、中学生としての記念すべき入学式にあたり、「ダイヤモンドを磨く」というお話をしています。

みなさんは、ダイヤモンドを知っていますね。ダイヤモンドは、宝石の中で一番美しいといわれています。その理由は、稀少であることとともに、その輝きの美しさにあります。例えば、ガラスをダイヤモンドと同じように磨き上げれば、ダイヤモンドのような輝きが出るのでしょうか。答えは「ノー」、そうはいかないのです。

ダイヤモンドは、ガラスと違って、光の屈折率が非常に高いのです。この性質を使って、入った光を底面で全反射させ、見る人の目に入るように五十八面体に加工してあるのです。それが美しく輝く秘密です。

■ポイント
来賓をはじめとした出席者へのお礼は、冒頭で述べると、本題に自然に入ることができます。
お礼を伝えるときには、その対象者の席をしっかり見て伝えます。

■ポイント
新入生に対しては、語りかけるように、ゆっくり話を進めます。

■ポイント
ダイヤモンドの説明は、初めて聞く方々も多いので、丁寧にゆっくり話します。

ところで、ダイヤモンドは非常に加工の難しい宝石です。その理由は、原石が小さいこと、そして何よりも「硬い」ということが挙げられます。硬いダイヤモンドの原石を、美しい光を放つように磨き上げ加工するには、どうすればよいのでしょうか。

その方法は、砕いたダイヤモンドの粉を板に貼り付け、その板を回転させます。その板にダイヤモンドの原石を押し当てて加工していくのです。ダイヤモンドは、ダイヤモンドでしか磨けない。なんとも不思議な話です。

話は変わりますが、新入生のみなさん一人一人は、いろいろな個性や能力を持って、この○○中学校に入学しました。ですから、みなさんがこの○○中学校で光り輝くには、あるときは自分自身で自分を磨く、またあるときは友達や保護者、地域の皆様というダイヤモンドに磨かれる。そう、ダイヤモンド同士で磨き合うのです。そうして、今日から○○中学校の三年間で、みなさん一人一人が個性や能力を磨いて、光り輝く本物のダイヤモンドになることを願っています。

もう一度繰り返します。「ダイヤモンドはダイヤモンドで磨く」のです。

さて、保護者の皆様や地域の皆様に申し上げます。

先ほどの、五十八面体のダイヤモンドを磨き上げ、本来の輝きを引き出

■ポイント

まさに自分自身がダイヤモンドの原石として入学してきたことを意識づけるよう、新入生一人一人の目を見ながら語りかけます。

すには、子どもたちが自分の力で主体的に磨いていく面と、大人が積極的に関わり、磨き方を教えていかなければならない面があります。

　両方から磨き上げられた面と面が集まり、一つの個体となったときに、宝石のダイヤモンドが誕生するものと思っています。大人の積極的な指導が基本にあれば、もっともっと、子どもたちが自分自身で輝きを放つ力を身につけられるのではないか。子どもたちのさらなる輝きを、子どもと大人の共通の目標として、学校教育を進めてまいりたいと考えています。引き続きご理解とご協力を賜りますよう、お願い申し上げます。

　さて、ここから見て、新入生の姿は大変立派に輝いて見えます。保護者の皆様にも、今日の晴れ姿がとても頼もしく、小学生から中学生に一歩成長した様子が映っていることと思います。

　さあ、1年生のみなさん、今日から一緒にがんばっていきましょう。

　それではこれを入学式の式辞といたします。


（堀越　勉）

■ポイント
子どもだけの力ではなく、大人の教育的な関与が、子どもの能力を伸ばしていくことを、地域や保護者等に語りかけ、協力しながら進めていくことをお願いします。

■ポイント
我が子の晴れ姿を見守る保護者の前で、子どもたちを精一杯ほめます。

多様な「その人らしさ」を尊重し合うことの大切さ

春の穏やかな日差しのもと、満開の見頃を迎えた桜が咲くこのよき日に、御来賓をはじめ多くの皆様にご列席いただく中、このように盛大に本校の入学式を挙行できますことに、心より御礼申し上げます。

新入生のみなさん、中学校へのご入学おめでとうございます。みなさん一人一人の中学校生活が、充実したものになることを期待します。

保護者の皆様、お子様の中学校へのご入学、誠におめでとうございます。保護者の皆様と手を携え、お子様の成長を共に喜び合える三年間としたいと思います。本校の教育活動に、ご理解・ご協力を賜りますよう、よろしくお願い申し上げます。

また、地域の皆様におかれましては、これまで子どもたちの成長を見届けてきてくださったことと思います。引き続き地域の子どもとして見守っていただきますよう、よろしくお願いいたします。

□概要

入学式の実施にあたり、儀式的行事に求められる清新な雰囲気を生徒に感じ取らせるためにも、参列者への礼儀を重んじたあいさつを大事にします。

新入生にとって、中学校生活には不安や心配などがあります。式辞には、自分の個性や優れた面を人と比較しないで大切にすることによって、三年間の中学校生活を肯定的に展望させるメッセージを込めます。

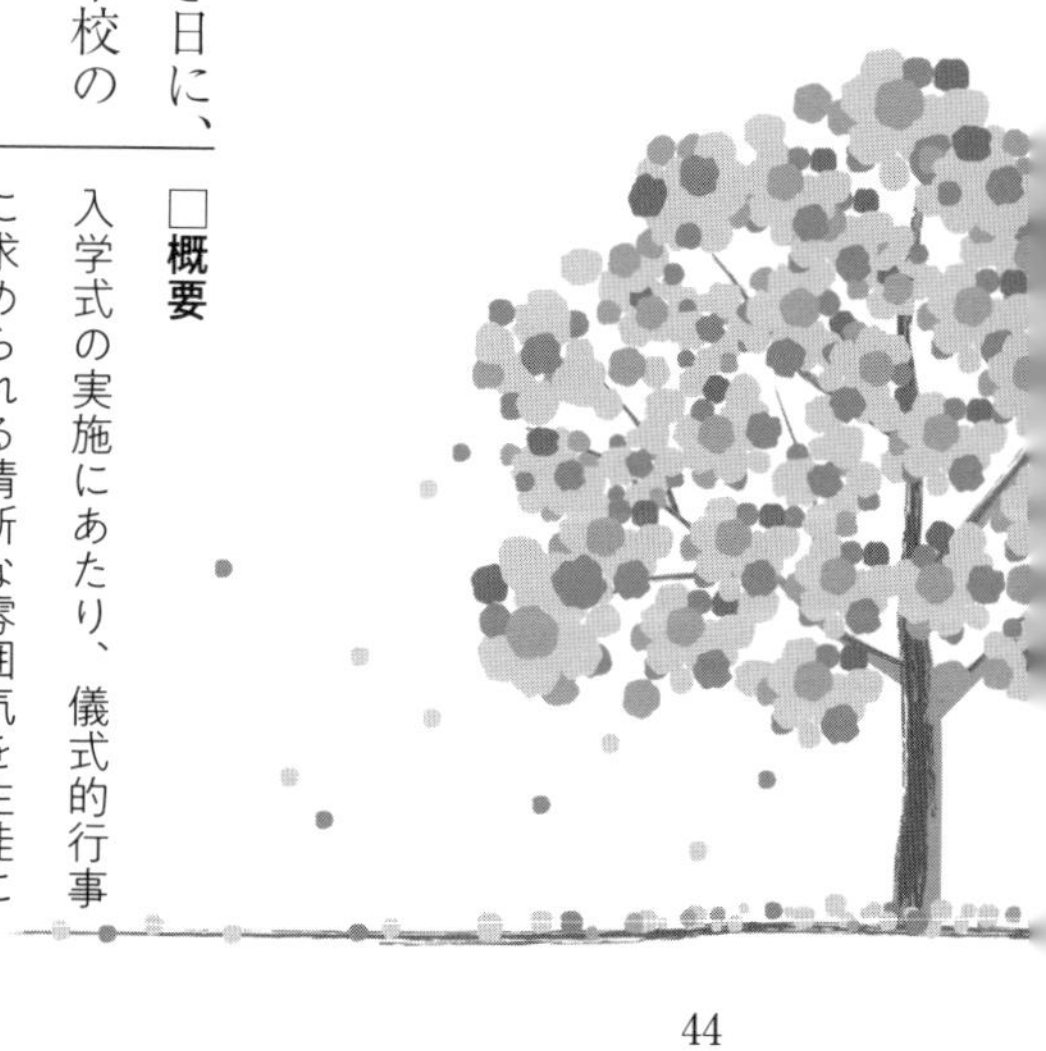

さて、新入生のみなさん、先ほど私は満開の桜のことに触れました。みなさんも今朝、桜の花の美しさを感じながら登校したことと思います。日本では学校の入学式や会社の入社式が4月に行われることが多いため、桜の花に祝福されているような気持ちになる人もいたと思います。どのような思いであっても、みなさんは空を仰ぐような姿勢で桜を見上げたのではないでしょうか。そして、心の中で「きれいだな」とつぶやきながら桜の木の下を通り過ぎたと思います。ところで、見上げるようにして桜を見たみなさんの足元には、何種類かの花が咲いていることに気がついたでしょうか。近年、桜の開花時期が早まる傾向があり、卒業式の頃に見頃を迎えてしまう年もありました。今年は、例年になく開花が遅くなりましたが、本校のタンポポとオオイヌノフグリは例年通りのタイミングで開花しましたので、桜を含めて三種類の花が同時に咲きそろいました。

そこで、ちょっと考えてほしいことがあります。三種類の花の美しさに順位はあるのでしょうか。桜は圧倒的な見ごたえがあります。タンポポは春の太陽の明るさや温かみを象徴するかのように華やかな黄色が特徴です。オオイヌノフグリは1cmにも満たないコバルトブルーの花弁が特徴で、「星の瞳」ともいわれるそうです。三つの花それぞれに違う美しさがあることが分かります。これらの花の美しさについて、個人的な好みとして順

■ポイント

誰もがその美しさを称賛する桜の下で、目立たずに咲いている花があることに気づかせ、美しさの価値観の多様性に気づくきっかけにします。

位をつけることはできるかもしれませんが、単に花の美しさについて絶対的な順位をつけることはできないと思うのです。つまり、美しいと思う価値観は多様であり、人々の目をひく桜が美しさにおいて秀でているということではないのです。

今、花の話をしましたが、このことはみなさん一人一人にもたとえることができます。花それぞれの魅力が違うように、みなさん一人一人のすばらしさや魅力は「その人らしさ」として違いを表すことができます。

それでは、その人らしさについて具体的に考えてみましょう。まず、一人一人の性格が違うことが、その人らしさそのものだと思います。行動面で考えてみると、大勢で活発に行動することを好む人もいれば、一人で静かにしていることが好きな人もいます。スポーツなどの運動が好きな人もいれば、そうではない人もいます。また、趣味の分野にも関わりますが、特定のことに優れた技術や知識をもっていることもその人らしさです。みなさんの周りにいると思いますが、お菓子づくりが得意な人、鉄道や飛行機のことなら何でも知っている人。幼い頃から習い事として努力してきたこととして、ピアノや水泳、地域の野球やサッカー、新体操やダンス、囲碁や将棋といったことに秀でている人もいますね。それらもその人らしさ

■ポイント
美しさといった価値には、比較にならない価値観があることに気づく態度を尊重させるようにします。

■ポイント
新入生一人一人がもつ能力や才能は、花の美しさと同じく多様であり、それぞれに尊重される価値があることに気づかせます。

です。意外にも身近なことだと思った人が多いのではないでしょうか。自分らしさとは特別なことではなく、ごく当たり前に生活している日常にも表れているのです。自分には人に言えるような自分らしさはない、と思っている人がいるかもしれませんが、自分を否定的に捉えてはいけません。中学校生活を送りながら、ぜひ自分らしさを見つけてみてください。

今日から中学校生活が始まります。みなさんはいくつかの小学校から入学してきています。新しい出会いがたくさんあります。ぜひお互いにその人らしさを尊重し合ってほしいと思います。自分とは考え方が異なることでただちに相手を否定的に捉えたりせず、多様な価値観があることを理解し、相手の考えに耳を傾ける姿勢が大切です。

これから始まる三年間の中学校生活が、みなさん一人一人にとって有意義なものになることを願って、校長式辞とします。

（内野雅晶）

■ポイント

改めて、多様な価値観があることに触れ、相手を尊重する姿勢の大切さを伝えます。

新入生に期待する三つのこと

令和〇年度の新入生のみなさん、ご入学おめでとうございます。

心より新入生のみなさんの入学を歓迎いたします。

また、本日は公私ともご多用の中を、歴代の校長先生方をはじめ、本校の教育活動に温かなお心をお寄せくださっている学校運営協議会の皆様、ならびに〇〇区議会、町会、同窓会の皆様、さらには〇〇会長をはじめとする本校ＰＴＡの皆様のご臨席を賜り、このように盛大な入学式を挙行できますことは、この上ない喜びであり、新入生ならびに本校の教職員とともに厚く御礼申し上げます。「ありがとうございます」

私ども教職員一同、心を一つにして〇〇区立〇〇中学校の教育の向上に努める所存でございますので、皆様方におかれましても、どうか、新入生、在校生に対し限りないご支援・ご指導を賜りますようお願い申し上げます。

さて、新入生のみなさんは今日から、創立以来〇〇名を超える先輩方が

□概要

参列してくださった方々にお礼を述べ、新入生や新しく赴任した教職員とともに、新しい学校づくりの第一歩が始まることをお知らせし、改めて協力をお願いします。

中学校で行う授業への取り組み方、様々な活動に対する気持ちのもち方、新しい人間関係づくりに対する校長の期待と励ましの気持ちを述べた式辞です。

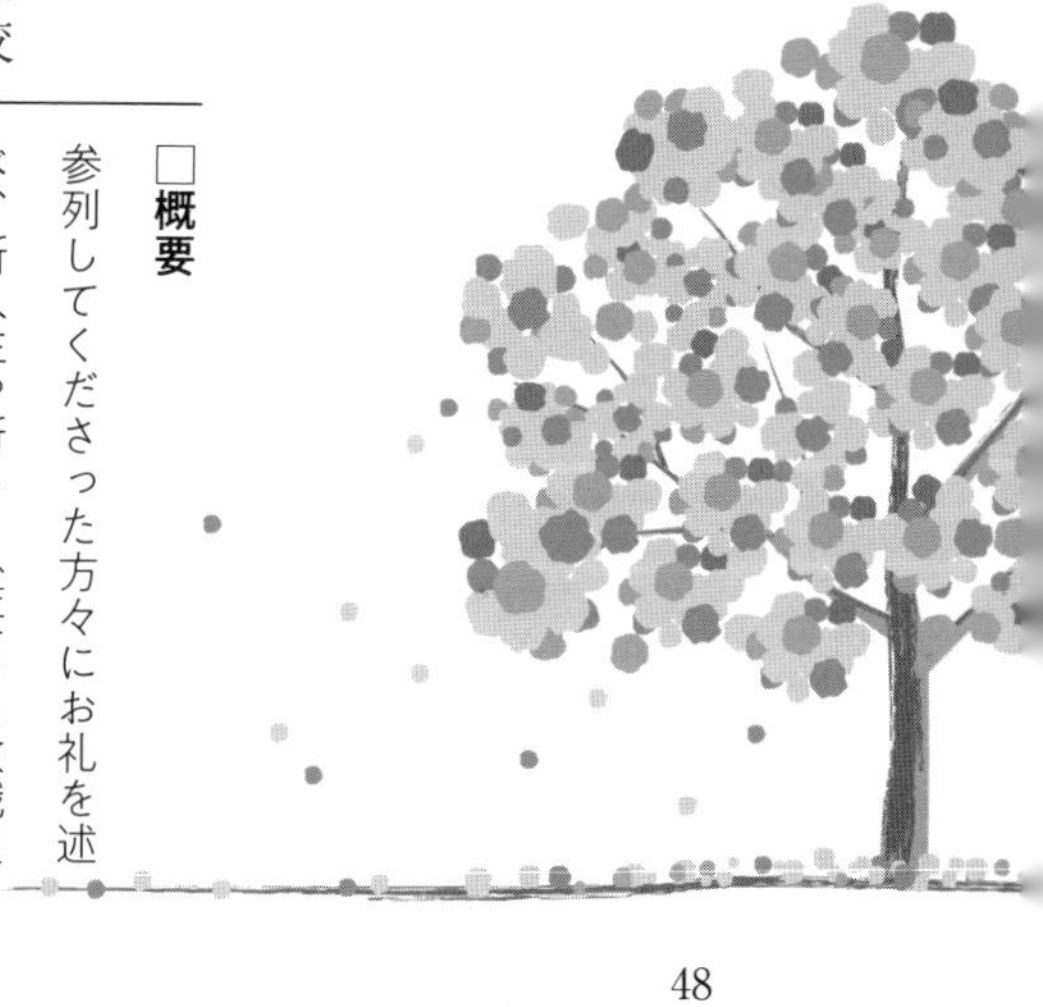

築いてきた輝かしい伝統と校風をもつ〇〇中学校の生徒になりました。私は、みなさんが〇〇中学校の新たな歴史を刻んでいく一員としての誇りと自覚をもって、充実した学校生活を送ってほしいと願っています。

みなさんは、今朝、希望や期待に胸をふくらませながら、本校の校門を入ってきたのではないでしょうか。私はこうした人生の大きな節目にあたりみなさんに大切にしてほしい、三つの心構えについて話します。

第一は、先生の話をよく聴き、毎時間の学習に集中してほしいということです。

みなさんは、勉強をし、自分を鍛えて将来の社会で活躍する人間となるために〇〇中学校に入学してきました。そのためには、先生の話をよく聴き、一時間の授業を大切にすることが特に大切です。中学校では毎時間、教科ごとに教える先生が変わります。それぞれ、教科の専門の先生が学習の仕方などについて温かく指導してくれます。部活動や生徒会活動も始まります。勉強も、コミュニケーションも、まず聞くことから始まります。先生方のアドバイスをよく聞き、粘り強く実行し、三年間積み上げていけば必ず大きな力になるはずです。三年間の成果が大きく異なるのは、こうした小さな積み重ねをどれくらい努力して実行できたか、あるいはできなかったか、によるのです。中学校の三年間はあっという間に過ぎてしまい

■ポイント

新入生に伝えたい二つから三つの事柄を用意し、校長としての期待感を伝えていきます。新入生は、不安や期待で胸がいっぱいです。これからの中学校生活を明るく、楽しく過ごせると感じるような雰囲気をつくります。

ます。ぜひ、話を聴くことを大切に、毎時間の学習という小さな積み重ねを大切にして過ごしてほしいと思います。

二つ目は、失敗を恐れず、何事にもチャレンジする精神をもつこと、そして、失敗の経験を生かし、再び前進してほしいということです。

人生の中では、チャレンジしたことが、すべてうまくいくとは限りません。むしろ、失敗することの方が多いかもしれません。しかし、失敗を恐れていては新しいことにチャレンジできません。成功の陰には失敗があり、こうした失敗を重ねながら、人間は大きく成長してきたのだと思います。

「失敗は人間をつくる」という言葉がありますが、失敗しても、あきらめず、何度でも立ち上がって歩き続けることは本当にすばらしいことではないでしょうか。つらくてもあきらめない。急がなくてもいいから、あきらめないことです。自分の力をつけていく過程ではつらいことやくじけそうになることもあるかもしれません。それを乗り越えていくたびにみなさんは大きく成長し、中学校生活も充実していくのです。自分に挑戦し、自分の個性を伸ばすよう努力してください。

三つ目は、思いやりのある豊かな心を、友達とともに育ててほしい、ということです。

学校には、様々な個性や能力をもった仲間がいます。みなさん一人一人

■ポイント
失敗を恐れず、いろいろなことにチャレンジしてほしいという期待感は、入学式にはとても大切な言葉なので、ぜひ新入生に向けて伝えていきましょう。

■ポイント
新しい人間関係づくりは新しい自分を見つけることにもなるので、多く

が自分のことだけではなく、友達の立場を考え、互いに思いやりの心をもって行動できたときに、みなさんは人間として大きく成長し、学校生活がより深みのあるものになると思います。みなさんの先輩は日常の学習活動や運動会、合唱コンクール、そして生徒会活動や部活動などで真剣に努力し、喜びや悲しみを共にする中で仲間を大切にする伝統を築いてきました。中学校では上級生との交流も盛んに行われますが、特に部活動や行事では、ここにいる上級生がきっとみなさんを導いてくれると思います。多くの仲間との交流で自分を磨き、温かな心をもつ人間として成長してほしいと期待しています。そして、多くの友達と手を携え、活気に満ちた楽しい中学生時代を築き上げてください。新入生のみなさん全員の活躍を心から期待しています。

結びになりましたが、新入生の保護者の皆様、お子様のご入学を心からお祝い申し上げます。この入学式の晴れ姿をご覧になり、喜びもまたひとしおではないかと思います。保護者の皆様の期待と信頼に応えられるよう全教職員が力を尽くして、お子様の教育に当たる所存でございますので、どうか、本校の教育活動に深いご理解とご協力を賜りますようお願いいたしまして、令和〇年度の入学式式辞といたします。

（岡田行雄）

の交流の機会をつくるとともに集団で活動するよさも体得してほしいことを伝えましょう。

■ポイント

入学式の校長としてのメッセージは、新入生に伝えることを主たる目的として作成しますが、入学式には保護者や在校生も参加しているので、保護者や在校生が聞いていることを意識してメッセージを作成することを忘れず入学式に臨むようにします。

■ポイント

結びの言葉では、教職員がこれから学校で努力することを伝えるとともに、保護者に今後の協力をお願いします。

新しい出会い自分を大切に、そして人の心をも大切に

新入生のみなさん、ご入学おめでとうございます。真新しい、ちょっと大きめの○○中のブレザーがとてもフレッシュで、よく似合っています。こういう人生の節目節目に、これまで育ててくださった保護者の皆様に感謝の気持ちをもって、これからの中学校生活を始めてください。

今年は桜吹雪の祝福の中、みなさんは今日、入学式を迎えました。

ここ○○市は、どこへ行っても桜の見られる美しい土地です。○○の桜の歴史は江戸時代に玉川上水の開削によって、両岸に植えられたヤマザクラの並木から始まりますが、これまで何度も衰退の危機に瀕しながらも、その都度管理団体や、地元の人々によって危機を乗り越えてきました。今では桜の手入れをする人を「桜守」と言うようになりましたが、それは作家、水上勉さんの『櫻守』という小説からその言葉が生まれました。

□概要

地域が誇る「桜」。「人間と同じように、いい桜ほど、その肌に傷がついている。傷で寿命を縮めるのも桜なら、傷で大きく育つのも桜の面白さだ」という笹部新太郎さんの言葉を引用し、人間形成を説くとよいでしょう。人間形成の土台として、「自分の心を大切に、そして、人の心をも大切に」と人権教育を説きます。最後に、本学の「建学の精神」につなげます。

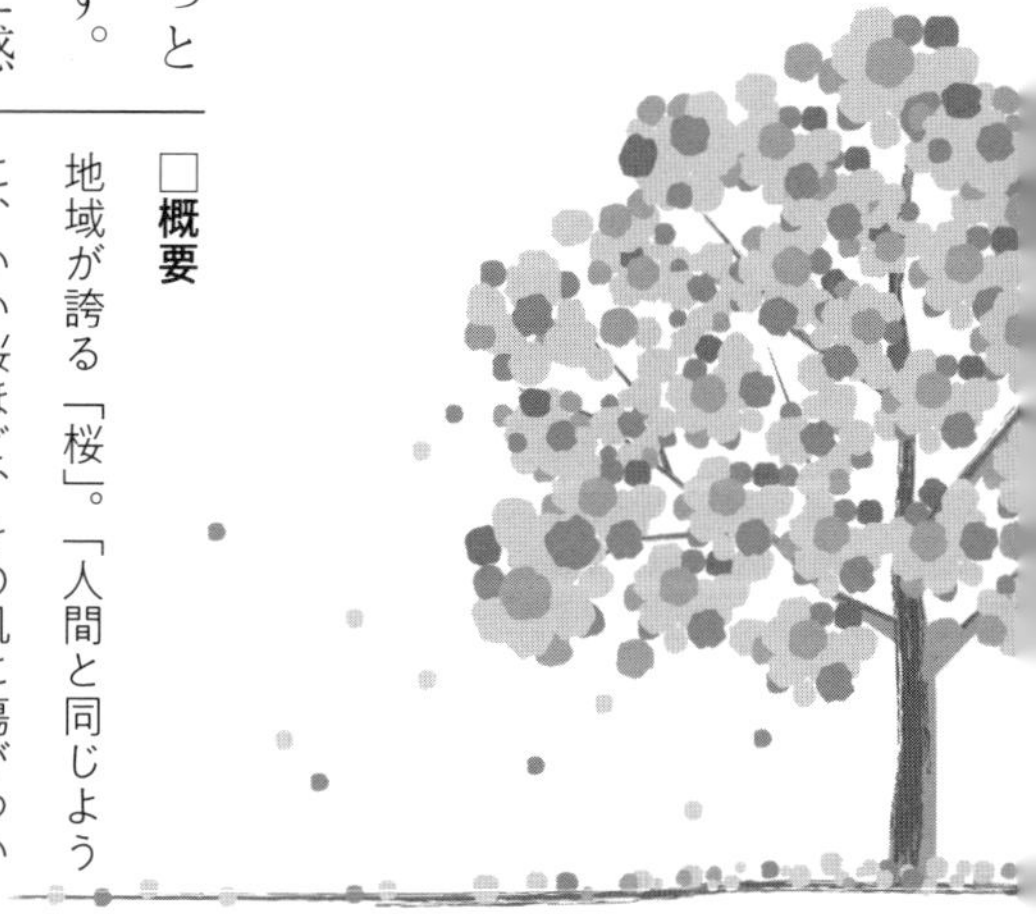

小説のモデルとなった、元祖「桜守」、笹部新太郎さんの言葉に、次のような言葉があります。「人間と同じように、いい桜ほど、その肌に傷がついている。傷で寿命を縮めるのも桜なら、傷で大きく育つのも桜の面白さだ」という言葉です。長生きの立派な桜の木ほど、幹の傷は多いというのです。人間もそれと同じで、多くの悩みや失敗を重ねながら長い人生を生きていくものです。つまり、傷を克服してこそ、よりすばらしい人生を生きることができるのだということです。何か、励まされるような良い言葉だと思いませんか。みなさんは、今日から中学生になり、また一段、人生のステップを上がることになります。また一つ、広い世界への扉が開きます。新入生○○○名と在校生合わせて○○○名で、時には多くの悩みや失敗を重ねながらも、将来美しい大きな花を咲かせるために共に励まし合い、成長したいと思います。

二点目の話ですが、みなさん、周りの人をちょっと見てください。中には小学校のお友達という見慣れた顔もあるかもしれませんが、初めて会うお友達もいると思います。今日は、みなさんにとって人生の節目の日であると同時に、新しい出会いの日なのです。人との出会いは、ほとんどの場合、自分では選べません。お友達との出会い。先生との出会い。○○中で

■**ポイント**

地域社会のつながりの希薄化が指摘される中、落ち着いた土地柄の市でしたので、地域の支えが強固ともいえます。来賓との世代を超えた共通の話題を導入に入れ、地域に対する愛着をもってほしいという願いを込めています。

の中学校生活というチャンスを生かしてすばらしい出会いを数多くもつことができた人は、それ以後もその出会いを生かしながら、自分の人生をより豊かなものに変えていくことができるはずです。それが自分の可能性を切り拓く基盤になります。みなさんは出会いを生かせる人になってください。

良い出会いをするためには、まず自分を好きになることです。自分を好きになるということは、自分としっかり向き合って、自分を大切にするということです。自分を大切にできる人は、あなたの隣の人も大切にすることができるはずです。これから、○○中での新しい学校生活の中で、「自分も仲間も大切にする」ことを意識してみてください。そのためには、「相手を大切にしながら，お互いに自分の気持ちを伝え合うこと」が大事です。そういう人になってください。

さて、新入生の保護者の皆様、本日はお子様の中学校ご入学、おめでとうございます。

本校の正門を入った右手に「愛と学」という碑があります。「愛を以《もっ》て本《もと》と為《な》し、学を以《もっ》て務《つとめ》と為《な》す」。社会生活を成り立たせるうえで最も大切な働きをするのが人間関係であり、その人間関係における行動の規範とし

■ポイント

導入で「危機を乗り越える」「傷」という表現を使ったので、その後は「すばらしい出会い」「人生を豊かに」という前向きの表現を意識して入れました。後ろにいくほど前向きな表現を使うことによって、明るく終わるよう印象づけます。

■ポイント

「自分を大切に、そして、人の心も大切に」という人権教育は、必ず入学式で話題にし、その後も機会があるたびに取り上げます。

ての道徳観や、善悪の基準が「愛」であるといわれているだけに、「愛こそは、万人共通・人生最大の要道である」との確信のもとに「大きい正しい愛」を教育の根本精神に据えています。同時に「学」は、人として生きるための最良の薬です。この「愛と学」が、本校の建学の精神です。

本校では「愛と学」をもって、心豊かな人間形成を目指します。保護者の皆様、ただいまから三年間、大切なお子様を責任もってお預かりします。学校と家庭とは同じ方向を目指し、協力していくことが重要なことと思われます。お子様の教育に関わる悩みや疑問をもたれた場合、どうぞご遠慮なく学校にご相談くださるよう、お願い申し上げます。

終わりになりましたが、本日の入学式に際しまして、○○○市副市長○○○○様、○○○市教育委員会教育委員○○○○様をはじめ、多くの御来賓の皆様のご臨席を賜りまして、誠にありがとうございます。心より御礼申し上げます。

御来賓の皆様、今後とも一層のお力添え、ご指導を賜りますよう、高いところから誠に失礼ではございますが、教職員一同・生徒一同を代表しまして、改めて深くお願い申し上げます。

以上をもちまして、学校長式辞といたします。

（原　忍）

■ポイント

来賓へのお礼の言葉を最後にしたのは、人々が誇りに思っている地域の「桜」を話題に、地域の結束を深めることを優先したためです。日本人の誰もが好きな「桜」で、話にひきつけようというねらいもあります。

【参考文献】

・笹部新太郎『桜男行状』（双流社）

第2章　卒業式の式辞

人と人との「絆」を大切に

令和○年度○○市立○○中学校第○回卒業式にあたりまして、（主賓の肩書・芳名）様はじめ多くの御来賓の方々及び保護者・地域の方々のご臨席を賜り、このように盛大に式を挙行できますことは、誠にありがたいことと感謝の思いでいっぱいであります。心より厚く御礼申し上げます。

卒業生のみなさん、ご卒業おめでとうございます。みなさんのご卒業を心よりお祝い申し上げます。ただいま、みなさん一人一人にお渡しした卒業証書は、中学校の全課程を修了したことの証であります。そして、中学校の卒業とは、我が国における義務教育の修了でもあります。小学校入学以来九年間の義務教育を修了したみなさんは、今まさに新たな人生のスタートラインに一斉に並んでいるといってもよいでしょう。今日この日を境に、みなさんは自分の人生の目標に向かって、それぞれ別々の道を歩んで

□概要

中学校三年間で培った友との「絆」、そして他を思いやる気持ちをこれからも大切にすることを願い、新たな人生の門出を祝福します。

■ポイント

冒頭、主賓及び来賓・保護者をはじめ、臨席者への謝辞を述べます。

いきます。自分の夢を実現するため、そして自分の人生を精一杯生きるため、ぜひいいスタートを切っていただきたいと願っています。

みなさんは、この三年間に本校で多くのことを学びました。各教科の学習はもとより、様々な活動を通じて集団の中で他の人々と協調して生きていく術も身につけたことでしょう。みなさんがこれから歩んでいく道は、平坦な道ばかりではありません。時には険しく、時には進むべき方向すら分からないような場面もあることでしょう。しかし、これまで本校で学び、身につけたことを基本に、よく考えれば、必ずや道は開けます。本校の教職員は、みなさんに中学校で教えるべきことは、すべて教えてきました。どうぞ自分の力を信じて、これからの人生を歩んでいってください。

さて、近年、我が国は大規模な自然災害に見舞われることが多くなりました。私たち人間が、大自然の脅威の前では、いかに無力で弱い存在かということを思い知らされることも多々ありました。一方で、困難な状況から立ち直ろうとする人々の姿から、そして、打たれても打たれても、なお立ち上がって歩き続けようとする人々の姿から、私たちは人間の大変強い一面も教えられました。人々が手に手を取って、互いに協力し助け合って

■ポイント
中学校教育において身につけてきたことを振り返り、義務教育修了と新たな人生のスタートを切る決意を自覚させます。

■ポイント
地震をはじめ大規模な自然災害の話から、人と人との「絆」の大切さを語り、卒業生自身も中学校生活を通じて貴重な「絆」を築いてきたことに触れます。

いくことの大切さを、私たちは改めて学びました。まさに、人と人との「絆」がいかに大切であるかということを、考えさせられる場面でありました。

みなさんも、本校において人と人とのつながり、すなわち「絆」を大切に育ててきました。学校行事や生徒会活動、そして部活動を通して、みなさんは学年を超えた好ましい人間関係を築いてきました。それこそが本校の伝統であり、みなさんが誇りとして胸に抱いているものであります。この「絆」は、必ずや後輩に引き継がれ、本校のよき伝統として継承されていくことでしょう。

昨年末の面接練習の際、私はみなさんに「中学校三年間を通じて自分が一番成長したと思うのは、どのような点ですか」という質問をしました。この質問には、しばし考えてから答えていたようですが、返ってきた答えは次のようなものでした。「自分は、入学した頃は、自分のことを考えるだけで精一杯でした。でも、三年たった今は、他人《ひと》のことを考えることができるようになりました」。表現は様々でしたが、このような内容の答えが一番多かったと記憶しています。

これらのことを学び、それを自分自身の言葉でしっかりと表現できるみなさんの姿を見て、私は、みなさんが本校において、本当に大切なことを

■ポイント

校長が卒業生と関わったことなどに具体的に触れ、自らの言葉で語ります。あわせて、卒業生の成長を認め、ほめたたえます。

学び、自分のものにしたと確信しました。「友人との絆」そして、他人《ひと》のことを考えることができる「思いやり」。ぜひこれらをしっかりと自分のものとして、これからの人生を生きていってほしいと心から願っています。

結びになりますが、保護者の皆様、お子様のご卒業、誠におめでとうございます。お子様が大きなランドセルを背負って小学校に通い始めてから早九年。今、義務教育を修了し、身も心もすっかり成長した我が子の姿をご覧になって、感動もひとしおのことと存じます。今日この日を迎えるまで、保護者の皆様のご努力は、並々ならぬものがあったことと拝察いたします。ぜひ今日は、お子様のご卒業を祝うとともに、これまでの保護者の皆様ご自身のご努力も、自らたたえようではありませんか。本当にありがとうございました。

そして、御来賓、地域の皆様。中学校卒業とはいえ、まだまだ未熟な点が多々ある生徒たちでございます。どうぞ、今後とも引き続き、ご指導・ご鞭撻を賜りますよう、心よりお願い申し上げます。

以上をもちまして、校長式辞といたします。

（松岡敬明）

■ポイント

保護者への慰労及び感謝の言葉を述べ、卒業生とともに保護者も祝福します。

未来を生きるみなさんへ
～人は感謝の心で生かされている～

令和○年度○○立○○中学校第○回卒業式の挙行にあたり、○○教育委員会○○○○様をはじめ、来賓の皆様のご臨席を賜り、誠にありがとうございます。高いところからではございますが、厚く御礼申し上げます。

保護者の皆様、本日はお子様のご卒業、誠におめでとうございます。保護者の皆様にとりましても、心と体が大きく成長し揺れ動く青年前期の時期であったこの三年間は特にご心労が大きかったことと思います。

義務教育修了という大きな節目を迎えたお子様の晴れ姿は、保護者の皆様にとっては無論のこと、私ども教職員にとりましても感慨深いものであります。これもひとえに保護者の皆様のご理解とご協力があったからこそと感謝しております。

これからもお子様の自立を促すとともに、精神的な支柱となってしっか

□概要

卒業式の参列者は、卒業生、在校生、教職員、保護者、教育委員会や関係機関、地域の関係者らが考えられます。そこで、校長の式辞の中で来賓に対して参列への謝意を述べます。

また、前半は保護者に向けた内容、後半は卒業生に向けた内容に分けてそれぞれに語りかけます。いずれも感謝を核とした構成です。

りと見守っていただけますようお願いいたします。

卒業生のみなさん、卒業おめでとうございます。

みなさんは小学校入学以来、九年間の義務教育をすべて修了されましたが、その間、保護者をはじめ地域の皆様、そして先生方の温かい励ましや指導により、今日ここに至ります。まずはこうしたすべての方々に感謝の心を忘れないでください。

さて、これからみなさんに、校長として最後にはなむけの言葉を贈ります。

それは、「花紅《くれない》にして美《び》なりといえども、ひとり開くにあらず。春風来《はるかぜき》たりて開くなり」という言葉です。

鎌倉時代の禅僧 道元の言葉で、「美しい色を見せる花も一人で花開くのではなく、周りの恵みを受けてはじめて開くのである」という意味であり、「常に感謝の気持ちを忘れないこと」という教えでもあります。

我が国で何百年も前に生きた先達の言葉は、常に感謝の気持ちを忘れないことが大切と、今を生きる私たちに教えているのです。

■ポイント
保護者に対しては、三年間我が子の成長を見守ってきたことへの労いや学校への理解・協力に対する感謝などを内容に含みます。

■ポイント
卒業生に対しては、三年間の学びと確かな成長とをたたえるとともに、今後の生き方の指標となるような内容を含みます。

特に、先達の言葉などは現代を生きる卒業生にとっても大変意味深く心を打つものであり、生涯を通して心に刻んでおきたい教えでもあります。

みなさんは、これから何十年と続く長い人生の中で多くの人々と関わり、有形・無形の恩恵や影響を受けて成長します。みなさんが人生の花を大きく開かせるには、自らの努力とともに、それを支え励ましてくれる多くの人々の存在や環境が必要です。

みなさんは、今日を境として、この学舎から巣立ち、それぞれの道を歩むことになります。その道は日が当たる平坦で快適な道ばかりではなく、激しい風雨にさらされる苦しい道もあれば、起伏の続く険しい道もあることでしょう。

世界を覆った未知のウイルス禍、終わりが見えない戦争、世界的な経済不況や自然災害など激しく変動する世の中にあっても、将来、みなさんが何かの岐路に立ったときには、努力と自戒、そして驕らず感謝の念をもつという心構えと姿勢を忘れないでください。人生を明るくたくましく、苦難のときも勇気をもって、道を切り拓いてほしいと願っています。

みなさんは、それぞれの小学校からこの○○中学校に集い、三年間を共に過ごし、今また、それぞれの進路へと歩いていきます。

■ポイント

卒業生の未来への指針となるようなメッセージを心がけます。

特に、人生で選択に迷うようなときにこそ問われる心構えや姿勢については、人間としての生き方・在り方を教育者としてしっかりと心を込めて話したいものです。

ぜひみなさんの、二度とない青春を悔いなく過ごしてください。

卒業生のみなさんが本校で過ごした三年間に誇りをもつとともに、地域・社会・国家に貢献する人材として成長することを心より祈念しまして、式辞といたします。

（臼倉美智）

■ポイント

三年間のかけがえのない日々に思いを馳せるとともに、別れの寂しさや名残惜しさを振り切るように、最後は卒業生の成長を期待して締めくくります。

あきらめない心と言葉の温度を感じる心

早春のやわらかな日差しを浴びて、木々の芽や草花が萌えいづる本日のよき日に、○○区を代表いたしまして、○○区教育委員会の○○様をはじめ、学校運営協議会の皆様、近隣小学校の校長先生方、町会・自治会等の地域の皆様、さらには○○様をはじめとするＰＴＡの皆様のご臨席を賜り、ここに第○回卒業証書授与式を挙行できますことは、この上ない喜びであり、夢と希望を胸いっぱいにして巣立ちゆく○○名の卒業生ならびに教職員とともに心から御礼申し上げます。「ありがとうございます」

さて、卒業生のみなさん、先ほどみなさん一人一人に卒業証書をお渡ししました。本日をもって、みなさんは中学校の全課程をめでたく修了し、小学校の課程と合わせて九年間の義務教育を修了いたしました。晴れの卒業式を迎えた今、みなさんの胸の内には、未来への大きな喜びや希望がある反面、○○中学校との別れの寂しさや心残りもあり、まさに感慨無量な

□**概要**

卒業する生徒に対する最後の講話として、勇気をもって新しいことにチャレンジしてほしいこと、心のこもった温かな言葉遣いをして豊かな人間関係を築いてほしいことを述べるなど、卒業生の将来に焦点を当てた式辞です。

■**ポイント**

卒業生の三年間の努力と成長の姿を取り上げ、校長としてねぎらいや励ましの言葉を述べます。

ものがあると推察いたします。こうした人生の大きな節目にあたり、みなさんの将来の活躍を祈って、次のことをはなむけの言葉として贈ります。

一つ目は、「自分にはできないとあきらめず、やりたいと思うことに挑戦してほしい」ということです。

そのためには、決して失敗を恐れず、何事にもチャレンジする精神をもつこと、そして、失敗しても再び立ち上がって前進するたくましさを身につけてほしいということです。

「失敗は人間をつくる」という名言《めいげん》があります。

世の中の成功した人は、普通の人の何倍も失敗を重ねています。失敗しても、あきらめず、何度でも立ち上がって歩き続けることは本当にすばらしいことではないでしょうか。

大切なことは、つらくてもあきらめないこと。

急がなくてもいいから、あきらめないことです。

私は、夢に向かって粘り強くチャレンジすることが、人間としての生きがいにつながるのだと思います。

二つ目は、「言葉の温度を感じよう」ということです。

私たちの話す言葉には温度があります。

熱い言葉、冷たい言葉、温かい言葉など、話す人の心の温度がそのまま

また、中学校生活で培った力をもとに将来をたくましく切り拓いてほしい、というような期待を述べます。

卒業生に特に伝えたいことを二つに絞って話すと、長い式辞にならないようにすることができます。

言葉の温度として出てきます。

こんなことがありました。

高校入試の準備が進み、私もみなさんと面接練習を行いました。その中で、とても印象に残る言葉に出会いました。

「どんなことがつらかったのですか？」という私の問いに「自分の体調が悪くてチームのみんなの役に立てなかったことです」と答えた3年生がいました。彼女はこの言葉を、どちらかといえば笑顔で話してくれました。だから私はとても印象に残ったのです。つらかったことを笑顔で隠しながら、淡々と話したことによって、そのときのつらかった心を表現した言葉の温度が、聞いている私に伝わってきました。

言葉というのは、自分の心の温度も相手に伝えるものだと思うのです。聞く方も、相手の言葉を聞きながら一生懸命に相手の心の温度を感じ取ろうとするものです。笑顔でいるけれど、もしかしたらその裏には悲しみがあるかもしれない。きつい言い方だけど、そこには愛情があるかもしれない。言葉は伝えたい内容を表現するだけではなく、心の温度を同時に伝えるものだと、そのときに思いました。

社会の情報化が急速に進む中にあっても、みなさんには、何気ない一言の中にある言葉の温度を感じ取り、自分の心や相手の心を大切にしながら、

■**ポイント**

卒業生が過ごした三年間のある場面を取り上げ、その場面と校長として伝えたいことを重ね合わせて話すと、卒業生の記憶に残る式辞にすることができます。

卒業式だけにとどまらず、朝礼や様々なあいさつの場面で取り上げて話ができるように、場面と印象に残ったことを記録しておくとよいでしょう。

豊かで心温まる社会を築いてほしいと願っています。多くの行事でみなさんが述べた感想やあいさつを聞くたびに、みなさんの温かい言葉を感じていました。また、友達や担任の先生方に対するみなさんの温かい心遣いを感じることができました。私からも、万感の思いを込めて、みなさんに最後の言葉を申し上げましょう。ただ一言「ありがとうございました」。

さて、いよいよ別れと新たな旅立ちのときがやってまいりました。4月からの新しい「自分探しの旅」に勇気をもって出発してください。仲間がここにいるからこそ孤独な旅もできます。帰る場所があるからこそ、未知の世界に出発できるのです。いつでも帰ることができる温かな家庭を築いてくださった保護者の皆様をはじめ、多くの方々に対する感謝の心と、三年間培ってきた友情を胸に、力強い一歩を踏み出してください。そして、社会に貢献できる心豊かな人に成長されることを心から期待しております。

結びになりましたが、保護者の皆様、本日はお子様のご卒業、誠におめでとうございます。立派に成長され、新しい一歩を踏み出すお子様の限りない前途を祝福申し上げます。また、本日までの三年間、本校に力強いご支援・ご協力をいただきましたことに対して厚く御礼を申し上げますとともに、今後のお子様の成長・発展を心から祈念いたしまして、卒業証書授与式の式辞といたします。

（岡田行雄）

■ポイント

二つの話の後にくる総まとめの部分で、卒業生への期待を伝えるとともに、どのような思いで校長としてここにいるかを述べるとよいでしょう。

■ポイント

結びに、保護者へのねぎらいとお礼のあいさつを述べます。

自信をもって新しい世界に挑戦しよう

旅立ちにふさわしい早春のよき日になりました。このよき日に、令和○年度○○○市立○○中学校第○回卒業式を挙行するにあたり、ご多忙にもかかわらず、○○○教育委員会教育長○○○○様をはじめ、多数の御来賓の皆様、保護者の皆様のご臨席を賜りましたこと、心より御礼申し上げます。卒業生、教職員を代表して、高いところからではございますが、厚く御礼を申し上げます。

保護者の皆様、本日は誠におめでとうございます。子どもから大人になろうとする、中学生という多感な時期の子育ては日々、大変なご苦労があったこととお察しいたします。本日、卒業する姿をご覧になって、お喜びもひとしおかと存じます。本日の卒業に至るまでには、お子さんも様々な悩みや苦労があったと思います。お子さんが家に帰りましたら、お祝いの言葉とねぎらいの言葉をかけてくださるようお願い申し上げます。

□概要

はじめに、来賓へのあいさつ、保護者への言葉を入れて、最後に卒業生への言葉の順にしました。最後に、子どもたちにゆっくり語りかけ、余韻を残して終わりたいという理由からです。

入学式から今日まで、様々な経験を通して大きく成長したことをたたえるとともに、これからは挑戦する心と自己肯定感をもって想像力豊かに世界を広げてほしいと願う式辞です。

卒業生のみなさん、ご卒業おめでとうございます。みなさんと初めて会った三年前の入学式。幼さが残って、制服も大きくて、とってもフレッシュな1年生でした。

入学後初めての校外学習。○○キャンプ場の飯盒炊爨は、カレーライスというよりスープになってしまった班の方が多かったと記憶しています。河原で水切りをして遊ぶ姿が、昨日のことのように思い出されます。

今日までの三年間は、一人一人の中に、様々な思いや苦労があったかと思います。中学生になって、小学校より厳しいなと感じた場面も多かったと思いますが、私のみなさんに対する印象は、「自然体」です。学校行事や学習の一つ一つを、しっかり、だけど、「自然に」積み重ね、成長してきました。3年生になって、「さあ、最高学年だ！」という気負いよりも、むしろ、「当然」といった安定感で、全校朝礼、運動会、音楽祭と、1・2年生を引っ張ってくれました。それは、おそらくみなさんが1年生のときから「学年会議」などで、自分たちでクラスや学年の課題を取り上げ、解決していこうという活動を重ねてきたからだと思います。最近も、整美委員が主催する早朝の階段清掃を、入試が終わった3年生が「あとは自分たちがするから」と請け負ってくれたり、今日の卒業式に向けても、良い式にしたいと自分たちから「早朝練習をしたい」と先生方に相談したりと、

■**ポイント**

中1ギャップの次は「高1クライシス」が問題視される時代です。そこで、中学校での達成感をもたせ、自信をもって新生活を踏み出してもらうため、ほめ言葉で終わらせたいと思います。そのためには具体的にほめた方が効果的です。行事を共にし、見ていたことをそのままほめるのがよいと思います。

自主性、リーダーシップ、チームワーク、すべてにおいて手本となる、立派な姿勢の3年生でした。

これからみなさんが生きていく世界は、今の私たちには想像もできないほど、新しい変化に富んだ時代になるようです。自動車の自動運転は、話題になってからあっという間に現実的になり、すでに販売されるようになりました。私たちが普段使用する車が自動運転になるという便利さよりも、自動運転は過疎の地域に無人バスを走らせ、高齢者の通院の足になったり、高齢化している農村地帯に無人トラクターや無人の機械を導入することで農作業の戦力になったりと、社会はずいぶん変わろうとしています。すでに、長い爪にきれいにマニキュアをした農業女子、酪農女子が活躍しているのです。2040年には、人口の減少によりなくなる自治体が出るといわれていましたけれど、いやいや、世の中の大人たちはがんばっています。ちゃんと手は打っているのです。

みなさんはこれから、上級学校など様々な道を選びながら、社会に出ていきます。そこで必要なのは、挑戦する心と、自己肯定感です。まず、自分を好きになってください。今日まで努力した自分を信じて、そして、困難に立ち向かうときの自分を信じてください。

■**ポイント**

文部科学省の「生きる力」「三つの柱」などを機会あるごとに話していると思います。生徒にそれらを思い出してもらい、前向きに捉えてほしいという願いで入れました。

もう一つの話です。今度はこれから身につけてほしいことです。それはイマジネーション、想像力です。人生の時間は限られていますし、誰もが一回きりの人生です。経験できることは一通りでしかありません。その人生を豊かに広がりをもたらしてくれるのは、目の前には見えないものや実際には経験できないことを想像する力、イマジネーションをもつことだと私は思っています。それもできるだけ自分から遠いものを想像すること。見知らぬ誰かの喜びや感動や悲しみや苦しみを想像して共感することを大切にしてほしいのです。そうしたイマジネーションを助けてくれるのが、本を読むことだったり、芸術を味わうことだったりします。「思いやり」という言葉は、もともと自分の思いを自分から離れた場所へ送るという意味です。イマジネーションを豊かにすることで、みなさんの世界は物理的にも心理的にも大きく広がるはずです。

先生方や親しい友と離れて巣立っていくみなさんに、幸多からんことを祈念し、新しい世界でますます活躍されることを期待し式辞といたします。それでは、みなさん、ごきげんよう。

（原　忍）

■**ポイント**

どんなに時代が変わろうとも、生き抜くために必要な力は不易の力が根底にあるということを伝えます。

自分を信じ、未来を信じ、胸を張って歩き続けよう

［前略］

さて、卒業生のみなさん、卒業おめでとうございます。

卒業生のみなさんは、三年前の４月に本校に入学して以来、団結力を高め、何事にも前向きに取り組む姿勢を貫いたことに敬意を表するとともに、この三年間をみなさんと一緒に過ごせたことに強い喜びと幸せを感じています。本当にありがとう。

そんなみなさんに、私から最後のはなむけの言葉を贈ります。

今日は、佐藤正純さんと守田稔さんを紹介します。

佐藤正純さんは、優秀な脳外科医として将来を嘱望される青年医師でした。ところが、三十七歳のとき、スキー場で激しく転倒し、脳内出血を起こし、生死の境をさまよいました。奇跡的に命は取り留めましたが、視力を失うだけでなく、言葉を発する力や筋道立てて考える力さえ失う高次脳

□**概要**

自ら選び取った新たな人生に向けて船出をしていく卒業生への感謝の気持ちと、これからの人生を力強く自らの力で切り拓いていってほしいとの願いを込めた式辞とします。三年間一緒に生活し、目にしたこと、耳にしたことをもとに卒業生の業績をたたえ、その姿を目の当たりにできた幸せ、喜びを素直に言葉に表します。

機能障害を負ったのです。その後、家族や友人の励ましと支えを受け、厳しいリハビリに励みます。その結果、主治医や家族・仲間が奇跡と思えるほどの回復を見せ、記憶を取り戻し、言葉も話せるようになりました。しかし、視力は戻りませんでした。佐藤さんのように、後天的に障害を負った人を「中途障害者」と呼びます。生まれて三十七年、何の不自由もなく生きてきた佐藤さんは、突然、視力を失い、闇の世界に突き落とされたのです。真っ暗闇の世界に生き、日常生活の多くは他人の手を借りなければ生きていけなくなったのです。しかし、佐藤さんはあきらめませんでした。自分にできることは何か、人間として、社会に貢献できることは何か、真剣に考えました。そして、事故から六年後、医師を目指して学んでいる若い医学生たちに、元患者としての立場、中途障害者としての立場から、医療従事者としての使命や心構えを教えるため、医療専門学校の教壇に立ったのです。その後、高齢者福祉施設の医療相談員や特別支援学校の非常勤講師などを務めておられます。仕事の傍ら、「視覚障害をもつ医療従事者の会　ゆいまーる」の副代表を務めたり、杉並区で障害者バンド「ハローミュージック」のバンドマスターも務め、人生を楽しんでおられます。

次に紹介するのは、守田稔さんです。守田さんは、まったく目が見えませんが、現役の医師として活躍されている方です。守田さんは、小学校4

■ポイント

［前略］では、卒業生の門出を祝うために臨席されている来賓、保護者、地域住民へのお礼を述べます。

「はなむけの言葉」とは、相手との別れや旅立ちに際し、激励・祝福の気持ちを込めて贈る言葉です。

ここでは、中途障害者二名を取り上げ、二人が置かれた過酷な状況を簡単に説明するとともに、彼らがそうした状況を前に何を考え、どのようにして克服し、今、どのような考えで、どのように生きているかを紹介し、卒業生を励ます言葉とします。

年生のとき、指定難病・特定疾患に指定されているギラン・バレー症候群という病気を発症します。この病気は、急性の運動麻痺をきたし、重症の場合は呼吸もできなくなる病気です。守田さんは、幸い四か月で退院し、中学生の頃には、ほぼ普通の生活を送れるまでに回復できました。そこで、幼い頃からの夢である医者になることを実現するため大学の医学部に進学します。しかし、5年生の5月、この病気が再び守田さんを襲いました。自力で呼吸もできなくなり、集中治療室に運ばれたときには、かすかにまばたきと眼球を動かすことしかできなくなっていました。守田さん自身、この頃を振り返って「死んだ方が楽だと感じた」ほど、苦しい日々を経験します。視力も徐々に衰え、左目だけに、針の穴を通すようなわずかな視野しか残っていませんでした。奇跡的な回復力を発揮し、二年後に退院し、医学部に復学しますが、全盲となってしまいました。ちょうどその年、医師国家試験の欠格事項が撤廃され、目が見えない人など重い障害がある人にも受験の機会が与えられ、守田さんは、全盲にして初の医師国家試験合格者となりました。現在は、奈良県内の病院で心療内科医として働いておられます。仕事の傍ら、先ほど紹介した「ゆいまーる」の代表として、情報交換や環境づくりのための活動にも取り組んでおられます。

佐藤正純さんにしても、守田稔さんにしても、ある日突然、まったく予

■**ポイント**

佐藤正純さんは、若手医師の中でも優秀な外科医であり、「芸術的な手術をする」として将来を嘱望されていた人です。障害を克服した後の、職業人としての活動だけでなく、社会貢献のための活動にも積極的に取り組み、過酷な状況下でも人生を楽しむことを忘れていない点も伝えます。

守田稔さんは、理不尽といえる難病に罹患したにもかかわらず、人生を悲観することなく、自分の子どもの頃からの夢であった医師を目指し、全盲の人で初めて医師国家試験に合格した人です。その不屈の精神、何事もあきらめることなく常にチャレンジし続ける姿を伝えます。

期せぬ事故や病気により、中途障害者の立場に置かれてしまいました。しかし、二人とも、人生を悲観して自暴自棄になることなく、生きることをあきらめることなく、己の信じる道をまっすぐ歩いてこられています。

卒業生のみなさんも、これからの人生の中で、様々な困難に遭遇することでしょう。しかし、どんなに苦しく、耐えがたいことであっても、この三年間、私がみなさんに言い続けてきた［Never say "I can't."］を忘れず、決してあきらめることなく、たとえ、今思い描いている「夢」の追求の道が閉ざされても、新たな「夢」を求めて強くしなやかに生きていってほしいと願っています。あなたの周りには、あなたを見守り、支えてくれている人がたくさんいるのですから。

さあ、卒業生のみなさん、お別れの時が来ました。校長としてではなく、人生の先輩としてみなさんにお伝えすることはすべて伝えました。未来を信じて、胸を張って、堂々と歩んでいってください。

（新藤久典）

■**ポイント**

卒業生は、自分の人生に対して何の疑いも迷いもなく、前に向かって歩いていこうとしています。しかし、人生にどのようなことが待っているかは、誰にも予想することはできません。だからこそ、二人のような生き方からしっかりと学んでほしいと、中学校最後の授業として、卒業式の式辞を捧げます。

【参考文献】

・守田稔氏の情報…視覚障害をもつ医療従事者の会ゆいまーる 機関誌第2号
（https://yuimaal.org/kikan211.html）

夢に日付を入れると目標になる

卒業生のみなさん、保護者の皆様、ご卒業おめでとうございます。

本校の○○年度卒業式にあたり、公私ともにご多用な中を、○○様をはじめ、日頃より本校を支えていただいている、たくさんの方々のご臨席を賜り、このような盛大な卒業式を挙行できますことに対して、教職員を代表し、心より御礼申し上げます。卒業生の晴れの門出を温かく見守っていただくとともに、今後も引き続きご激励とご支援を賜りますようお願い申し上げます。

今、卒業生は、十五歳の春を迎えようとしています。「十五の春を笑顔で迎えるために」。これは、本校の教育が目指す一つの通過点であり、目標を示している言葉です。十五歳の春の巣立ちは、これまでの保育園・幼稚園から小学校へ、小学校から中学校へのステップとは少し異なります。

□概要

中学校を卒業すれば、多くの生徒がすぐに高等学校に入学します。そこでは専門コースに分かれ、いよいよ自分の進む道と向き合うことになります。こういった意味で、最もレディネスが整っている時期と捉え、校長式辞では将来の生き方に絞った内容で語りかけます。

■ポイント

来賓をはじめとした出席者へのお礼は、冒頭で述べると、本題に自然に

その大きな要因は「選択」という言葉に集約されます。自分の進むべき進路を自分が選び、そして高校や職場から、自分が選ばれるように、学力の面でも、人格の面でも磨きをかける。このために一生懸命努力をすることに重要な意義があります。これからの長い人生では、このような経験が人を大きく強くし、自らどんどん前に進んでいけるような成長へとつなげてくれるものと考えます。卒業生は、この重要な「自己決定」の一年間、たくさんの悩みや不安、様々なプレッシャーがかかる中で努力してきました。「受験」という言葉の裏にある、勉強だけではない、本当の意味での人としての成長を遂げてきたのだと考えています。

さて、本日の巣立ちの日にあたり、「夢に日付を入れると目標になる」という話をします。みなさんとの面接練習を通して、たくさん将来の夢を語ってもらいました。どんな人になりたいのかを、情熱をもって語っていた姿が印象的です。中でも、人の役に立つ仕事に就きたいと、具体的なビジョンを語っていた人が多かったことも、覚えています。

みなさんの夢は、具体的で、希望に満ちたものでした。例えば、こんな人がいました。「将来、小学校の先生になって、子どもたちを笑顔で育てたい。教師になるために、大学を出なければならないけれど、親には負担

入ることができます。

お礼を伝えるときには、その対象者の席をしっかり見て伝えます。

■ポイント

夢を現実にするために、具体的な努力が求められる年齢になりつつあることを、生徒に強く意識させます。

をかけたくないから、目指している大学があります。そのためには、その大学への進学率が高い、この高校を選びました」とキラキラした目で語っていました。この人の夢に日付を入れてみます。目指しているのは、国立大学の教育学部ということでしたから、今から二年と十か月後の、大学入試が最初のハードルになります。そして、その一か月後の二次試験をパスすることが必要になります。大学に入学した後は、三年と四か月後の教員採用試験にチャレンジすることになります。そして教員になった後は、毎日が努力の日々です。このように、夢を叶えるための目標という目安が、二年十か月、そして三年四か月という間隔で、目の前のハードルとして現れます。このための助走を、歩幅を合わせながら努力していくのだと思います。

ある人は、「医師になり、修行をして腕を磨き、世界の恵まれない人々の命を救う活動をしてみたい」という夢を語りました。「ドクターXですか?」と聞くとニコニコ笑っていました。この人は、医学部を目指す猛勉強の高校生活を覚悟しているのだと思います。そして、六年間の医学部生としての生活、医師免許を取得してからの長い修行の期間が待っていることと思います。おそらく、海外に飛び出してたくさんの人の命を救うという夢を叶えるためには、十数年という期間の中でたくさんの困難なハード

■ポイント

校長面接練習等で生徒から聞き取った実際の話を、式辞の中に組み込みます。このことで、目の前の子どもたちの具体的でリアルな考えが、出席者全員に伝わっていきます。

■ポイント

事例として式辞に挿入した話を語ってくれた生徒の方を見ながら話します。きっと、うなずいてくれると思います。

ルを越えていくことが必要です。でもきっと、やり遂げそうな目をして話していたのを覚えています。

「将来の夢」は、人生を前進させ、達成感と、次の夢へチャレンジするアクションをもたらしてくれます。それと同時に、残念ながら、夢は決して進展しない構想に終わる場合が多いのも現実です。未来を見据え、夢を叶えるためには、いつまでに、何をどうしたいのか、積極的な目標を立てることが重要です。もう一度言います。「夢に日付を入れると目標になる」。人生はいつでも、それまで以上の収穫をもたらしてくれます。ぜひ夢を叶えましょう。

卒業生のみなさんが、自分の描く夢に向かって進むことは、我が国の社会をますます発展させていく原動力になるものと信じています。

地域の皆様や保護者の皆様、そして行政機関の皆様をはじめとした私たち「大人」がこれまで築き上げてきた、この平和な社会を、みなさんの力で、さらに豊かにしていってほしいと思っています。

美しく、住みよいこの地域を、みなさんの故郷として、もっともっとすばらしい町にして、後世まで伝えていってくれることを、これからの未来を担う若者たちに託して、式辞といたします。

（堀越　勉）

■ポイント

最後は総論でまとめながら、夢を見続けるよう、勇気をもたせる明るい語りかけにします。

■ポイント

いずれは、地域に帰り、地域の未来を支えていく子どもたちです。地域の皆様にも、このようなすばらしい人材が巣立っていくことを示し、中学校教育の成果を印象づけます。

未来を創り出していくみなさんへ
～卒業生の限りない前途を祝福して～

暖かい日差しを感じる頃となり、いよいよ春本番が訪れようとしています。本日、〇〇市教育委員会〇〇様、学校運営協議会会長〇〇様をはじめ、本校に精力的に関わっていただいている御来賓や保護者の皆様のご臨席を賜り、〇〇市立〇〇中学校第〇回卒業式が、こうして盛大に挙行できますことに、心から感謝申し上げます。

ただいま、〇〇〇名の卒業生のみなさんに、一人一人卒業証書を手渡しました。改めて、ご卒業おめでとうございます。

みなさんが手にした卒業証書は、義務教育の全課程を修了した証です。みなさん自身のたゆまぬ努力、ご家族の愛情と地域の皆様の温かい支援、そして、ご指導くださった先生方の日々の支えの結晶であることを心に刻み、感謝の気持ちをもってほしいと思います。

□概要

義務教育最後の門出にあたり、社会の形成者として未来を創造する一員となる生徒たちに向けて、夢や希望を抱けるような応援のメッセージとなる式辞としました。そして、その年の卒業生ならではの具体的なエピソードを交えながら、本校で学んだ意義や教育目標などを確認できる内容にしています。

本校が小中一貫教育を行う〇〇中学校として開校した当時、みなさんは小学校5年生でした。4月にはまだ新校舎が完成していなかったため、プレハブ校舎でのスタートであったと聞いています。また、その頃は新型コロナウイルス感染症との闘いの日々でもあり、みなさんにとっても我慢することが数多くあったことと思います。しかしながら、できることを最大限行おうと工夫してこられた先生方の期待に応え、みなさんはたくさんのことを学び、心身ともに成長してきました。

私は、4月の始業式でみなさんに初めて出会ったとき、この体育館に整然と並んでいる千人を超える児童・生徒の姿を見て、その中心となっている最上級生のリーダーシップのすばらしさを実感したことを、今でもはっきりと覚えています。その後も、運動会での応援や競技で下級生をリードする姿、文化的・学芸的行事で学年・学級の心を一つにしたすばらしい歌声を響かせている姿などを見るたびに、みなさんが最上級生として着実に成長し、下級生のお手本や憧れになっていることを感じていました。

そんなみなさんとの思い出で特に印象に残っているのが、12月から行った面接練習でした。一人一人が、自分の言葉でこれまで学んできたことや将来の夢について明確に語る中、本校の特色ある取組について質問すると、

■**ポイント**

卒業生の歩みを、社会情勢や学校の歴史、エピソード等とともに語ることで、これまでの学校生活を振り返らせ、自分たちが仲間とともにこの学校で学んできたことの価値を感じさせる内容にしています。

多くの人が、1年生から9年生までが一つの班になって掃除をする取組を挙げてくれました。そして、リーダーシップを学んだこと、コミュニケーション能力が高まったことなど、その取組を通して身につけた事柄を数多く述べてくれました。本校の教育目標である「共生」の実現に向けて、開校当初から推進している異学年交流の取組が、伝統としてみなさんの心にしっかりと根づいているのだと分かり、大変うれしく感じました。そして、その取組を学校の特色として誇らしげに語ってくれるみなさんを、心から頼もしく思いました。

4月の始業式で私がみなさんに、「未来を創り出す人になってほしい」と話したことを覚えているでしょうか。これからの時代は、先行きが不透明で予測が困難な時代であるといわれています。未来は用意されているものではありません。こんな世の中になってほしいと願う人たちが、創り出していくものなのです。

この〇〇中学校で、学年を超えて多くの仲間と学び合い、鍛え合い、高め合うことによって、創造する力、共生できる力、健康でいる力を身につけてきたみなさん。本校で学んだことを誇りに思い、これから歩んでいくそれぞれの道で、地域や社会の一員として何ができるかを常に考えながら、新たな未来を創り出していってください。

■**ポイント**

入学式や4月の始業式等で生徒に語った言葉を改めて用いることにより、校長の教育理念や学校教育への想いを生徒や参列者に伝える内容にしています。

最後に、義務教育を修了するみなさんに一つの言葉を贈ります。それは、書家である相田みつをさんが残された言葉です。「道はじぶんでつくる道は自分でひらく　人のつくったものはじぶんの道にはならない」

みなさんは、卒業後の進路を自分で考えて決めてきました。これからも、この言葉のように、誰かと比べるのではなく自分に自信をもち、自らの志を高く掲げ、自分の道を切り拓いていってくれることを期待しています。

結びに、保護者の皆様、お子様のご卒業おめでとうございます。本日の晴れ姿をご覧になり、これまでの成長の過程が思い出され感無量のことと思います。教職員一同、心からお子様の旅立ちをお祝い申し上げます。そして、これまで、本校の教育活動にご理解・ご協力をいただきましたことに、心より感謝申し上げます。今後も、お子様の母校となる〇〇中学校を、温かく見守っていただければ幸いです。

本校を巣立つ、〇〇〇名の卒業生の限りない前途を心より祝福いたしまして、私の式辞といたします。

（中嶋富美代）

■ポイント

識者等の具体的な言葉を一つ提示することにより、卒業生への期待を分かりやすく伝えられるようにしています。

第２章　卒業式の式辞

「せい」と「おかげ」

本日は、○○区立○○中学校第○回卒業証書授与式を挙行するにあたり、多数の来賓の皆様のご臨席を賜りましたことを、高いところからではございますが、厚く御礼申し上げます。

○○○名の卒業生のみなさん、ご卒業おめでとうございます。

みなさんとの出会いは、三年前の4月7日でした。今日の卒業式も春の優しい雨の中の式となりましたが、その日も、曇り空のもと、この体育館で、みなさんは○○中学校の仲間になりました。最初から落ち着いた学年というわけではなく、先生方から再三注意を受けていた人もいました。私の脳裏には、その頃のまだ幼さの残るみなさんの顔が思い出されます。

そして、本日、多くの方々のお力添えのおかげで、ここに卒業式を迎えられることを卒業生のみなさんとともに感謝したいと思います。

□概要

三年前の入学式にも校長として臨んでいる場合は、その入学式を振り返る形の式辞にしています。

思春期という不安定な時期を乗りきるため、入学式の式辞をはじめ折に触れて、「誰かのせいで」と他人に責任を押しつけるのではなく、「誰かのおかげで」と謙虚に感謝する気持ちをもつことを話してきましたが、卒業式の式辞はその集大成でもあります。

さて、「おかげ」といえば、私は、三年前の入学式でみなさんにこんなお話をしました。覚えていますか。

「今の自分があるのは、母のおかげだ。友達のおかげだ」

様々な道で成功した人は、多くの人のおかげで今の自分があると考えています。

「今、こうしてここに自分がいられるのは、自分を生んでくれた両親、育ててくれた家族、支えてくれたたくさんの人々のおかげだ」

そう考える人が強いのは、自分のためだけでなく、自分を支えてくれた人たちのためにもがんばろうとするからです。それが時には信じられないほど大きな力を生み出すこともあります。

一方、自分で自分の道を捻じ曲げてしまう人のほとんどは、何でも人のせいにしてしまいます。

「今の自分がこうなったのは、父のせいだ。先生のせいだ」

そういう人は、なぜか、「自分のせいだ」とだけは言いません。自分のせいではないのだから、反省する必要もありません。

「今の自分がこうしていられるのは、あの人のおかげだ」

「今の自分がこうなったのは、あの人のせいだ」

参列いただいたすべての方々に感謝の念をもち、生徒自身が級友から「このクラスに君がいてくれてよかった。君のおかげで楽しかった」と言われる存在になれたかを、振り返ることができたらよいと思います。

■ポイント

「せい」と「おかげ」の話は、入学式の式辞としてだけでなく、例えば、運動会の開会のあいさつや3学期始業式等の式辞でもアレンジして話すことができます。

みなさんは、どちらの考え方で生きていきますか?
ここで一つ、間違いなくいえることがあります。それは、「今の○○中学校があるのは、私の目の前にいる、第○回卒業生のみなさんのおかげだ」ということです。

その後、私は、こんなお話もしました。

今日の入学式に撮った写真と、卒業式の朝、鏡に映る自分の顔を見比べてみてください。きっと大きく違っていることに気づくでしょう。
今朝起きて鏡を見たとき、そこに映った自分の顔が、昨日見た自分の顔と全然違っていたという人はいますか。よほどのことがない限りいませんよね。このことからも分かるように、一日一日の小さな変化は、とてもわずかなものなので、自分自身でもほとんど気づきません。
でも、今日の自分は、昨日の自分とまったく同じではありません。間違いなく変化しています。若く伸び盛りのみなさんにとってその変化は、成長というプラスの変化であるはずです。毎日、コツコツと努力を重ねたならば、三年後にはきっと自分でも驚くほど立派に成長していることでしょう。みなさんの三年間の成長を楽しみにしています。

■ポイント
「卒業生を送る会」などの催しで入学前後のあどけない表情の生徒のスライドに笑い声が上がります。そんな光景を思い浮かべながら、生徒は聞いてくれます。

今、私の目の前に、このときの私の期待に見事に応えてくれた三年後の君たちがいます。

人間関係のトラブルに悩み、涙を流していた君。様々な問題を抱え込み、登校するのがつらくなってしまった君。スランプに陥り、もう部活動をやめようと考えていた君。ここにいるのは、それらの困難をすべて乗り越えてきた仲間です。だから、胸を張ってほしい。君たちは立派に成長しています。

そんなみなさんがこれから築いてくれるであろう21世紀後半が、どんな時代になるのか、本当に楽しみです。残念ながら、私はその時代をみなさんとともに過ごすことはできませんが、みなさんを信じて未来を託します。

結びになりますが、ご列席の保護者の皆様、本日は、お子様のご卒業、誠におめでとうございます。今日まで本校の教育活動にお寄せいただきました温かいご支援とご協力に対して、深く感謝申し上げますとともに、卒業生諸君の前途を祝し、一層の成長を祈念して式辞といたします。

（茅原直樹）

■ポイント

式辞の終末は、卒業生を称揚する言葉を盛り込んでいます。時間が許せば、最上級生として活躍したエピソードなどを交えたり、はなむけの詩などを贈ったりするのもよいでしょう。

地球上にたった一人の存在であるあなたへ

○○○に吹く風も、日に日にやわらかさを増し、花も木も、新しい命を芽吹かせ始めました。

　そんな今日のこのよき日に、令和○年度○○○市立○○○中学校第○回卒業式を挙行するにあたり、○○（所属）○○（役職）○○○○様をはじめとする御来賓の方々、そして学校運営協議会及びＰＴＡ本部の皆様のご臨席を賜りましたことを、高いところから失礼ではございますが、厚く御礼申し上げます。

　そして、保護者の皆様、本日は誠におめでとうございます。九年間の義務教育を終え、その証としての卒業証書を手にした我が子の姿に、これまで十五年間の様々な場面や思いが浮かび、そのお喜びはいかばかりかと存じます。三年間にわたり、本校の教育にご理解・ご協力を賜り、お子様の

□**概要**

未来に進む喜びと、仲間と別れる寂しさの入り混じる卒業生の心情を踏まえ、中学校生活三年間の手応えを実感させるとともに、自己の存在の大切さに気づかせ、巣立ちゆく「あなた」への期待とエールを贈る式辞です。

■**ポイント**

保護者への謝意は終末で述べることが一般的ですが、私は主役である生徒に語って式辞を終えたいので、あ

成長を共に願って相携えてくださったことを、心より感謝申し上げます。

さて、卒業生のみなさん、ついにこの日が来ました。

今、どんな気持ちですか。卒業ということの現実感がわかないながらも、卒業証書を受け取る仲間の姿を見ながら、中学校三年間の様々な場面が浮かんできたことでしょう。

一本のロープで一人一人の心を結び、かけ声をかけ、ほこりまみれになりながらみんなでがんばった大むかで。クラス全員の視線を指揮者に集め、声と心を合わせ一生懸命歌った合唱。そして、地図や時計を何度も見て、ああでもないこうでもないと言い合いながらやっとたどり着いた京都の社寺など、様々な行事の場面を思い浮かべた人は少なくないのではないでしょうか。そして最後は全員が自分の進路と真剣に向き合いました。

振り返ると、あなたたちは常に、力を出すべきところでは仲間で心を一つにして全力を出していました。また、互いを尊重し、行事のたびに頼もしいリーダーが現れ、それを周りがしっかり支えるというよさもありました。本当にすばらしい生徒、自慢の生徒たちです。

このように苦楽を共にしてきた仲間たちとも、あとわずかな時間でお別

えてここで述べています。また、形式的な謝辞にとどめず、協働してきたことへのお礼も述べます。

■ポイント

三年間を振り返ることで感動を共有するとともに、生徒一人一人が中学校生活の手応えを実感できるようねらいます。

■ポイント

三年間を振り返るだけでなく、生徒や学年集団のよさを取り上げ評価します。

れ。明日からは、一人一人がそれぞれの道を歩みます。

そんなあなたたちとの別れを惜しみつつ、最後に伝えたいことは、あなたたち一人一人は、世界でたった一人のとても尊い存在だということです。

あなたは、日本でいえば一億二～三千万分の一、世界でいえば八十一億分の一の存在でしかありません。しかしあなたは、この地球上にたった一人しかいない尊い存在。あなたの代わりはどこにもいないのです。家族にとってはもちろん、友達や私たち教職員にとっても、あなたはかけがえのない大切な存在です。自分自身を、そしてあなたの命を、ずっと大切にしてください。

そして、そんなあなたには、あなたにしかできないことがあります。あなたとの出会いを待っている人がいます。あなたを必要とする組織などがあります。未来に向かって自分のよいところを見つけ、人と関わりつつ自分を律してよさを伸ばし、未来のあなたを創造してください。

あなたの成長は続きます。しかし、その途上には困難もあるでしょう。個人で対処できることもあれば、地球規模の温暖化や分断と対立の進む国際情勢など個人の力ではどうすることもできないものもあるかもしれません。

■ポイント
卒業する生徒一人一人が、自分に語られている気持ちになるよう、「みなさん」→「あなたたち」→「あなた」と呼び方を変えています。

■ポイント
未来に希望がつながるよう意図しています。

しかし、どんなことがあっても、一歩でも、半歩でも、時に後退してもいいから、前に進むことをあきらめないでください。あなたを必要としている人のために。何よりあなた自身のために。それができる力をあなたはもっています。その証明書である卒業証書を手にしたのですから。自信をもってください。

卒業、おめでとう。夢と希望をもち、大きく羽ばたいてください。

これからもあなたたちを見守り、応援し続けることを約束して、校長式辞といたします。

（三田村裕）

■ポイント

中学校卒業を意味づけ、義務教育を修了したことに手応えを感じさせます。

己を生かせ

やわらかな光と沈丁花の香りに春の訪れを感じる今日、本校○回卒業証書授与式を挙行するにあたりまして、○○区教育委員会教育委員○○○○様、本校ＰＴＡ会長○○○○様をはじめとする御来賓の皆様、そして多くの保護者の皆様のご臨席を賜り、誠にありがとうございます。

さて、ただいま卒業証書を手にした卒業生のみなさん。ご卒業、おめでとうございます。

みなさんはこの三年間、中学生としての日々を充実させてきました。いつも感謝の気持ちを忘れず、仲間と助け合いながら、粘り強く一つ一つの物事や行事に取り組み、１・２年生を導き、よい手本となってくれました。

今日、卒業してゆく先輩の姿を共に見届けようとしている１・２年生の心の中には、３年生の後ろ姿から学んだことがしっかりと残り、新しい伝統として芽吹き、育っていくことと信じます。

□概要

九年間の義務教育を終える大切な日です。卒業生とともにこの時代を生きる者として、自分自身の経験とそこから得たものについて伝え、これからの未来を切り拓いていくみんなへの期待と幸せを祈る気持ちを込めます。

■ポイント

卒業学年のすばらしかった点について振り返り、伝えます。

さて、〇〇中学校を巣立ってゆく3年生のみなさんに、一つの言葉を贈ります。それは、この色紙に書いてある、「己《おのれ》を生《い》かす」という言葉です。色紙には漢字二文字で書かれていますね。生きるという意味の「生」、自分という意味の「自己」の「己」です。これは、漢文の読み方と同じで下から読みます。「己（おのれ）を生（いかす）」ですね。

実は、この色紙は、私が中学3年生のときの担任の先生が書いてくださったもので、中学校を卒業するその日にクラス全員がもらいました。

その担任の先生は、保健体育の先生でした。前評判は……あまりよくありませんでした。「何もしてくれない」などの噂がありましたから、少しの不安とともに中学3年生としての4月を迎えたことを覚えています。しかし、3年生の生活が始まってみて分かったことは、「担任の先生は『何もしてくれない』のではなく、私たちのことを付かず離れずよく見て、自分たちで何を決め、どこまでやれるか、信じて待っているのだ」ということでした。

先生が何でも自分の思い通りにさせようとして先回りすると、生徒の力は伸びません。どこまで待ち、どこから導くか。それを考えながら導いてくださっているのだと感じるようになりました。時には、クラスがまとまらなくてみんなで苦労したこともありましたが、それも大事な経験でした。

■ポイント
自分自身の経験から大切にしている言葉を伝えます。

また、この担任の先生の前評判をそのまま信じ、決めつけてしまわなくてよかったと思いました。「決めつけず、自分で接して、自分で考えて判断する」ことの大切さを知りました。

　その頃の私は、漠然と学校の先生になりたいと思っていましたが、この先生との出会いで「人を信じる」ということについて考え、「中学校の先生になろう」と決めました。以来、この色紙の「己を生かす」という言葉は、ずっと自分の中にあります。今、自分は、自分を生かしているか。自分は、どんな人間で、どんな力をもっていて、何を生かせば、誰かの、社会の役に立つことができるのか。今でも、自分自身に問いかけながら生きています。

　卒業生のみなさん、これからの人生では、自分の思いや夢に従って前進していく中で、多くの喜びや楽しみ、また苦しみを経験することでしょう。周りが見えなくなってしまうような大変さの中で悩むことがあるかもしれません。けれども、そんなつらい時間も、もちろん楽しい時間も、永遠には続きません。どうか、自分の力を信じ、自分を生かし、あきらめず歩いていってください。どんなときでも、これまでの人生で出会った友達、先生、地域の方々、そして何よりもみなさんを全力で愛し、支えてくださる家族のことを忘れず、前進していってください。

　今日、みなさんがこの後に歌う式歌「あなたへ」は合唱コンクールでもみんなで歌った曲ですが、この曲には、人生という名の迷路の果てに信じ合えることの喜びと悲しみを知った分だけ優しくなれる、という言葉があります。この歌詞のように、豊かな人生を歩いていけるよう、祈っています。

　保護者の皆様、お子様のご卒業、誠におめでとうございます。心身ともに大きく成長する中学校の三年間は、時に大きく揺れ動くお子様の心に寄り添い、共に悩み、喜びながら、その成長を信じ、見守る日々であったことと思います。今、このように大きく成長し、新しい一歩を踏み出そうとするお子様の晴れ姿に感無量の思いでいらっしゃるのではないでしょうか。今日のこの日を迎えられたことを心よりお祝い申し上げます。この三年間、本校の教育活動に深いご理解とご支援をいただきましたことに感謝申し上げます。本当にありがとうございました。

　結びに、希望に満ちたみなさんの前途に幸多かれとお祈りし、式辞といたします。

（秋庭加惠手）

■ポイント

卒業生にとって身近な学校生活の経験から大切にしたいことを想起させます。（実際には歌詞をそのまま引用して話すとよいでしょう。）

第3章　行事のあいさつ

ようこそ○○中学校へ
～これから始まる中学校生活のために～

新入生の多くは明るく元気そうに見えても、新しく始まる中学校生活に不安を抱いているものです。そこで、そうした心情に寄り添いながらも問題解決にあたっての心構えを示し、円滑なスタートが切れるように励まします。

新入生のみなさん。

○○中学校への入学おめでとうございます。本日は新入生であるみなさんが一日も早く本校に慣れるため、上級生である2年生・3年生がみなさんをお迎えする会を開きます。

今ここからみなさん一人一人の顔を見ていますと、入学式のときは緊張して少し硬い表情でしたが、今は明るくこれから始まる中学校生活に期待して輝いているように見えます。ぜひいつまでも今の気持ちを忘れずにいてください。

さて、新入生のみなさんが充実した中学校生活を送るために大切にしてほしいことをお話しします。それは「人は、何かのきっかけでよりよく変わることができる。そのためには自ら変わろうとする意思をもち続けることが大切」ということです。みなさんにとっては、まさに今日の日がよりよく変わるためのきっかけです。

残念ながら、自分から何も行動しないでいて変わることはできません。自ら変わろうとする気持ちで生活することが大切なのです。

みなさんは、これから、いくつかの小学校から集まった多くの友達と、勉強や部活動などを一緒にすることになります。様々な人と出会い切磋琢磨する中で、時としてくじけそうになることがあると思います。また、自分よりも優れている人に出会い、今までの自信が崩れかけることもあるかもしれません。そのようなときにこそ、このことを思い出してがんばってください。

上級生のみなさん。

新入生が○○中学校の一員として安心して過ごすことができるように、生徒会や委員会活動、学校行事、部活動などの機会に力を貸してあげてください。また、みなさんにとっても学級や学年の枠を超えて、人との関わりや見方、考え方、感じ方の違いを知ることは自身の成長につながります。ぜひ「ああいう上級生になりたいな」と思われるようなよき目標になってほしいと期待しています。

最後になりますが、本会を企画運営した生徒会をはじめ２・３年生のみなさん、それぞれの役割を責任もって全うし、よくがんばってくれたことに感謝します。

それでは、全校のみなさん一人一人が中学校生活をよりよいものとするよう期待して話を終わります。

（臼倉美智）

中学校の教育にご理解・ご協力をお願いします

新入生の保護者に、中学校の教育について理解と協力を求め、保護者と学校が力を合わせて子どもたちを育んでいくことを話します。また、家庭において、子どもとのコミュニケーションを大切にしてほしいことを伝えます。

みなさん、こんにちは。

校長の○○です。本日はご多用の中、新入生保護者会にご出席いただき、ありがとうございます。このたびはお子様の中学校ご入学、誠におめでとうございます。改めまして、心よりお祝いを申し上げます。いよいよ義務教育の最終段階を迎える三年間となりました。入学式においても申し上げましたが、三年後にお子様たちが本校を卒業するときには、「本校で学ばせてよかった」と必ずや思っていただけますよう、教職員一同全力を尽くして子どもたちの教育に当たってまいりますので、どうぞよろしくお願いいたします。

さて、学校教育において、子どもたちに身につけさせるべき力は大きく二つあると考えています。まずは学力です。将来、社会人として生きていくために必要な基本的な知識・技能、そして自ら考える力などです。体力もこれらと同様です。そして二つ目は、人との付き合い方、つまり社会性です。

学校は集団教育の場です。知識・理解だけであれば、読書やインターネットを活用して独学で身につけることもできますが、人との付き合い方や関わり方は実際に体験しないと身につくものではありません。学校という小さな社会で、子どもたちは人との関わり方を身につけていきます。時には考え方が異なり、ぶつかり合うこともあるでしょう。また、委員会活動や部活動などを通じて人間関係が広がっていく中で、社会性や協調性が必要であることも体験的に学んでいくことでしょう。

中学生は心と体が大きく成長する時期であり、特に心が不安定になる時期でもあります。友人との人間関係に悩むこともあるでしょう。また、学業が思うようにはかどらないということもあるでしょう。保護者の皆様にぜひお願いしたいことは、ご家庭においてお子様の話を聞いてほしいということです。今日学校でどんなことがあったのかとか、友達とどんな話をしたのかなど、些細なことで結構です。「もう中学生なのだから」とか「もう子どもじゃないのだから」とおっしゃらずに、毎日少しでもいいので話を聞いてあげてください。ただ聴くだけで結構です。

学校は教育の場でありますが、教育は学校だけで完結するものではありません。私は保護者の皆様と学校との関係は、協力の「協」の字に育むと書いて「協育」という関係でありたいと常々考えています。つまり、保護者の皆様と学校が力を合わせて子どもたちを育んでいくという意味です。どうぞ、本校の教育にご理解・ご協力をいただくとともに、私どもも保護者の皆様のご意見を真摯に受け止め、日々の教育に生かしてまいりますので、どうぞよろしくお願いいたします。

（松岡敬明）

子どものよりよい成長を願って共に

PTA活動については、参加に消極的な保護者が少なくない、活動の意義が十分に理解されていないなどの課題があります。そこで、保護者に活動の重要性を説くとともに、参加意欲が高まるよう、丁寧かつ熱く語ります。

本日はご多用の中ご来校いただき、ありがとうございます。ＰＴＡ総会を開催するにあたり、一言あいさつ申し上げます。

私はこれまで様々な場で、「『学校側』と、『学校』に『側』をつけて言わないでください」と、申し上げてきました。「側」という漢字をたった一文字つけるだけで、学校と家庭とが川のこちら岸と向こう岸というように隔てられ、橋を探して渡らないと行き来できなくなるように感じられてしまうからです。これは望ましいことではありません。私たちは、学校と家庭とがすぐ隣で肩を並べ一緒に子どもを指導・支援することを願っています。学校と家庭、つまり教職員と保護者とでは、立場や子どもとの関わり方は違いますし、教育観も異なるかもしれません。しかしそうであったとしても、子どものよりよい成長を願うのは教員も保護者も同じです。私はここを大事にしたいのです。この思いと認識を共有することができれば、学校と家庭との相互理解は間違いなく深まります。そしてさらにそれぞれの違いを生かし合い補完し合っていけると思うのです。すばらしいことです。ぜひそんな関係を築いていけることを願っています。

では、隣で肩を並べて一緒に何をするのでしょうか。

本校のＰＴＡ会則は、会の目的について、「本会は、生徒の健やかな成長・発達を支えるために、会員がそれぞれの責任と役割に基づき協力して、生徒の生活と教育を受ける環境の改善を図ることを目的とする」と定めています。抽象的で分かりづらい表現ですが、生徒の生活と教育環境をよりよくすることと、かなり広い範囲に及ぶものであることが分かります。昨年度、熱中症対策として体育祭や部活動中に使用できるテントをＰＴＡが寄贈してくださいましたが、まさにこれに当たります。また、今年度のＰＴＡ運営委員会で服装面での暑さ対策について様々ご提案いただき、一部が現実のものとなったのも同様です。このように本校にとってのＰＴＡ活動は、生徒の生活と教育環境をよりよくするうえで、なくてはならないものです。なお、「○○○中に在籍する生徒の保護者及び同校の常勤教育職員を会員とする」と会則に規定されている通り、会員は保護者と私たち教職員。まさに肩を並べることになっているのです。

本日の総会は、こうした重要な活動の骨格を決定するための場です。「子どものよりよい成長」のため、活発で慎重なご審議をお願いいたします。

この約一年間、本校の生徒のためにＰＴＡ活動を推進してくださった会長をはじめとする前年度の役員の皆様に、心から感謝申し上げますとともに、この後承認される本年度の役員の皆様に本年度のＰＴＡ活動がより充実したものになりますようお願いして、校長あいさつとします。

（三田村裕）

PTA役員会

下請けではなくスタッフとして

ＰＴＡ活動の衰退が話題になります。仕事をもつ保護者の増加もありますが、活動に参加する明確なプラスがないのも理由の一つです。新たに役員に就任した保護者に、希望をもって参加してほしいというねらいのあいさつです。

皆様、こんにちは。本日はご多用の中、ＰＴＡ役員会にお集まりいただき、誠にありがとうございます。

さて、本日は今年度最初のＰＴＡ役員会ですので、少々お時間をいただきお話をさせていただきます。ご案内しましたように、現在ＰＴＡの在り方が大きく取り上げられています。加入は任意、ということで多くの保護者が入会しないＰＴＡがあったり、市内の小学校ではＰＴＡ自体を解散した学校もあるように聞いています。

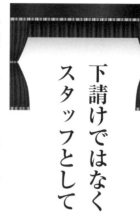

そんな中で役員をお引き受けいただいた皆様です。改めて本校のＰＴＡ活動にご協力いただける皆様に御礼を申し上げますとともに、本日の役員会に際して、ＰＴＡ活動に関わる私の考えをお聞きいただき、そのうえで今年度の活動に共に取り組んでいけたらと思っております。

まず皆様と共有しておきたいのは、ＰＴＡは学校の下請け機関ではないということです。学校の教育活動を進めていくには、保護者の皆様のお力を借りなければならない場面は確かにあります。教職員だけではどうしても不足してしまうマンパワーを、PTAを通してお願いする。そうするとそれが「何月何日に何名が出ること」のような形で周知され、くじ引きや輪番で、まるで人身御供のような形で参加者が決まる。まさに「下請け機関」としてのPTAです。このような関係性は、絶対に改善しないといけません。もちろん、学校側の意識も同様です。「PTAにお願いする」というような言い方には、どこかPTAに対する依存や甘えがあるように思います。

では、どうすればよいのでしょうか。私が考えるのは、計画の段階で保護者の皆様にも関わっていただくシステムです。例えば、学校行事の素案をつくる段階で、役員の皆様に見ていただく。そこで「これなら保護者ができますよ」とご提案いただき、募集についても役員の皆様のご意見とお力を借りながら進めていくという方法です。もちろん現在よりも早めの計画が必要になります。しかしインターネット等により共有も簡便になっており、決して不可能なことではありません。このような、これまで学校だけで進めてきたことに皆様がコミットする仕組みをぜひつくっていきたい。そして学校も保護者の皆様も、前例にとらわれず、やりやすい形を考え、意見を出し合いながら変えていく。そんなPTAになればよいなと思っています。

PTAの衰退の大きな理由は、活動のインセンティブがないことにあると思います。お子様の通う学校の活動に、直接意見を言えること。下請けでなくスタッフとして関わることができること。そういったことに、魅力とやりがいを感じていただける皆様とともに、すてきなPTA活動を展開していきたいと願っています。どうぞよろしくお願いします。

（栗林昭彦）

修学旅行

歴史が創った夢と魔法の王国へ

修学旅行は、中学校生活の中でも思い出深い行事です。しかし、歴史に興味の少ない生徒にとっては、班行動も受け身になりがちです。東京ディズニーランドになぞらえて、歴史が創ったテーマパークとして意識を高めたいと思います。

３年生のみなさん、いよいよ来週から修学旅行です。ワクワクした期待で胸がいっぱいであろうかと思います。これまで、事前学習で様々な内容を調べながら班員と協力して行動計画を立てるなど、綿密な準備をしてきました。体調をしっかり整えて、当日を迎えてほしいと願っています。

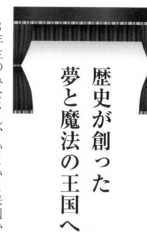

さて、ここで今一度、事前学習のまとめとして「歴史が創った夢と魔法の王国へ」というお話をします。みなさんにはぜひ、日本が誇る「世界遺産都市　京都・奈良」で学習する喜びを、全力で満喫できる修学旅行にしてほしいと願っています。

かなり前の話になります。ある学校の先生と修学旅行の事前学習の取組について意見交換をしたことがありました。その先生の勧める通り、京都市の地図を畳の上に広げました。ジーッと見つめている私に向かって、「何か気づかない?」と、その先生が問いかけました。分からない私にヒントとして「お城はどこにある?」と聞きました。真ん中より少し左の「二条城」を指さすと、「では清水寺は？」「金閣寺は？」「嵐山は？」「銀閣寺は？」問われた場所に、印をつけていきました。

そのときです。その先生は、隠していた東京ディズニーランド（ＴＤＬ）の地図を広げ始めました。そして、京都の地図と重ねてみたのです。

いつもと違った見方で二つの地図を見てみると、驚きのことがありました。二条城とシンデレラ城の位置を重ね合わせると、いろいろなことが見えてきました。スペース・マウンテンの位置に清水寺があります。スプラッシュ・マウンテンの位置に金閣寺が、ビッグサンダー・マウンテンの位置に嵐山が、プーさんのハニーハントの位置に銀閣寺があります。こうして見ていくと、ＴＤＬのアトラクションに相当する場所に、有名な歴史遺産が必ずあるのです。京都市街地全体が巨大なテーマパークであることに気がつきました。

ＴＤＬでは、友達や家族と話し合って、時間を有効に使った一番効率のよいアトラクションの巡り方を決めますよね。修学旅行の事前学習も、同じように意見を出し合い、班員が協力して楽しく巡れる行動計画をつくることができたのではないでしょうか。

ここで、一つだけ京都・奈良とＴＤＬの違いに注意しましょう。ＴＤＬは初めて訪れる人も、小さなお子様もお年寄りも、誰でも楽しめる仕掛けや工夫が最初から整っています。訪問した人は事前の勉強なしで、受け身で楽しめるように設計されています。一方で京都・奈良の歴史遺産は受け身ではなく、訪れる人がしっかり調べ、歴史の重みを理解していることで、本当の楽しさが味わえるようになっています。歴史が創った夢と魔法の王国です。みなさんの旅は最高の思い出になることでしょう。


（堀越　勉）

視点と気づきの共有

教育活動を直にご覧いただく貴重な機会なので、方針と推進している内容、参観いただく際の視点についてお伝えし、気づきを共有する姿勢を示します。また、ほめたり励ましたりするための姿を見ていただくよう働きかけます。

保護者の皆様、本日はお忙しい中を授業参観にお越しいただきましてありがとうございます。

本校は、教育目標「自ら学ぶ人になろう　思いやりのある人になろう　社会に貢献する人になろう」を掲げ、今年度も日々の教育活動を通してお子様の生きる力を育むことに力を尽くしております。

子どもたちが授業中に学ぶことを「我がこと」として捉え、日常生活や自分の言動につなげながら学んでいけるようにするため、二つのことに気をつけております。

一つ目は、一時間の中で「めあて」の設定と「振り返り」をしっかり行うことです。その時間に身につけるべき力を「めあて」としてしっかり示し、課題解決に取り組んだその時間の終わりには、何を学んだのかを振り返り、次につなげるための「振り返り」の時間を設けます。

今日はお子様が学ぶ内容について参観いただけますが、時々、ご家庭でも「今日の○○の時間は何を学んだの？」とお子様に尋ねてみてください。そのときに「今日は○○を初めて知ったよ」「○○

ってこんな仕組みだということを勉強したよ」というように生徒が自分の学んだことを簡潔に捉え、自分の言葉で表現できる授業を展開できるように、教員は日々研鑽しております。

二つ目は、授業の中で自分が考えたことについて、他の友達はどのように考えたのか、交流する時間を設けるということです。お子様がこれから生きていく社会は、現在よりもますます多様な価値観の中で、多様な人々と出会い、接しながら生きていく場となるでしょう。授業の中でもまず自分の考えをもつこと、そしてその考えを周りの人に伝え、周りの人の考えも聞き、もう一度考える。そのことを通して自分の考えを広げたり深めたりしながら力をつけていってほしいと願っています。

授業の中ではペアワークやグループワークといった形が見られると思います。また、考えを交流する手段としてＩＣＴ機器を利用し、大きな画面で自分たちの考えを伝えたり、一人一台タブレットを使って調べたり話し合ったりする場面が見られる場合もあると思います。生徒がどのような考えを交流し、何に気づいているのかを参観いただければと思います。

授業参観の日は、子どもも、大人もドキドキします。ちょっとでもいい面を、努力している面を見てもらいたいなと思い、生徒も、そして教員も、ドキドキワクワクはりきっています。お子様の出来不出来ではなく、一生懸命に取り組んでいた点について具体的な言葉でほめてあげてください。また、授業についてお気づきの点は、どんなに小さなことでもお知らせください。授業を改善していくための大切な糧といたします。どうぞよろしくお願いいたします。

（秋庭加恵手）

学校運営協議会における校長あいさつ及び課題と解決策について

学校運営協議会には、学識経験者、地域関係者、保護者等様々な立場の方々が参加します。会議では、法的な位置づけや、会の役割・権限等を明確に示したうえで進めていくことが大切です。冒頭で確認してから進めます。

委員の皆様、本日は大変お忙しい中、本校の学校運営協議会にお集まりいただき、誠にありがとうございます。

本協議会は、地方教育行政の組織運営に関する法律に基づき設置されており、地域の住民及び保護者等の学校の運営への主体的な参画を促し、地域及び保護者に開かれ、支えられる学校づくりを進めるとともに、学校運営の改善を果たすことを目的としております。

本協議会の所掌事務は、学校経営方針・教育課程編成・予算執行・その他校長が必要と認める事項についての承認を行うこと、学校運営に対して教育委員会または校長に意見を述べること、学校運営の状況に対して評価を行うことであります。皆様からのご意見を参考にさせていただきながら、今後の学校運営を適切に進めてまいりたいと考えております。どうぞご忌憚のない意見を賜りますよう、よろしくお願い申し上げます。

はじめに、今年度の学校経営方針及び教育課程についてご説明いたします。資料をご覧ください。

本校の教育目標は「主体性　社会性　創造性」であります。これらを育むために、日々の教育内容を精査し、適切な教育活動が行われるよう、学校経営方針を設定しております。学校経営方針については、教育活動の一つ一つが、どのように教育目標に結びついているのかが一目で分かるように、ロジックツリー形式で、結びつきを明示してあります。これらに基づき、法令・学習指導要領・教育ビジョンとの整合性を明確に図りながら、毎日行われる教育活動の計画である教育課程を編成しております。昨年度ご協力いただきました「学校評価」でご意見を賜りました内容についても、編成上の重要な事項として内容に反映しております。今後も引き続き、学校経営方針及び教育課程についてご意見を賜わりましたら、直ちに改善の方策を検討してまいる所存です。

次に、本校生徒の課題と今後の取組についてご説明いたします。

（プレゼンテーション等を用いて学習指導上の課題と解決策を説明）

（プレゼンテーション等を用いて生徒指導上の課題と解決策を説明）

（プレゼンテーション等を用いて進路指導上の課題と解決策を説明）

このように、今、目の前で学ぶ子どもたちの課題について、客観的なデータを示させていただきました。それとともに、今年度講じていく解決策についても、ご説明いたしました。全校教職員一丸となり全力で課題の解決に取り組むとともに、その進捗状況について、本協議会上でご報告申し上げます。引き続きご意見を賜りますよう改めてお願い申し上げます。

（堀越　勉）

家庭で育て、学校で教え、地域で生かす

健全育成委員会総会の校長代表としてのあいさつです。健全育成に関わる多くの方々が集まっておられますので、現在の健全育成上の課題や学校としてのお願いを聞いていただきたいと思います。

青少年育成○○地区委員会の総会にあたり、お世話になっております十三校の小・中学校を代表して一言ごあいさつを申し上げます。

さて、○○地区において子どもたちの健全育成に大きな役割を果たす青少年育成○○地区委員会は、地元自治会・町会、民生・児童委員協議会、保護司会、スポーツ推進委員会等の関係機関の皆様が多数参加される区内でも有数の規模の地区委員会として活動されており、子どもたちを笑顔にする取組を数多く実施していただいていることに感謝申し上げます。

子どもは、「家庭で育ち、学校で学び、地域で生きる」存在です。しかし、放っておいても、成長はできません。周囲の大人の働きかけがあってこそ、人間としての成長が期待できます。先ほどの言葉を大人の視点で言い換えれば、子どもは、「家庭で育て、学校で教え、地域で生かす」ということ

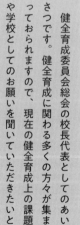

になるでしょう。この三つが、三位一体で機能してはじめて一人一人の子どもの幸せにつながります。しかし、昨今は、子どもを育てる場であるはずの家庭は、ヤングケアラー、子どもの貧困、児童虐待、ネグレクト等、難しい課題を抱えています。

一方で、通信機器の枠を超え、日々刻々と進化するスマートフォンは、これ一台あれば、財布も切符もカメラも不要という状況をつくり出すと同時に、子どもから親子の会話と金銭感覚を奪い、心ない誹謗中傷の応酬、動画や画像の軽率な拡散の場ともなっています。時と場所を選ばずに発生するそれらの問題は、外側からは見えにくく、早期発見も困難で、もはや学校教育だけでその危険性を子どもたちに教えることは難しくなっています。

このような時代だからこそ、地域のコミュニティによる世代を超えた直接的なふれあいが必要です。○○地区委員会には、親子でソフトボール大会、○○地区区民運動会など、大人も子どもも共に笑顔で楽しめる取組をこれからもたくさん企画していただきたいと存じます。

最後に、校長としてお願いがあります。それは、子どもたちを地域で生かしてほしいということです。子どもたちは、役割を与えられれば、喜んで一生懸命やってくれます。地域清掃活動や放置自転車ゼロ作戦、区民運動会の係活動など。これからもぜひ、子どもたちを生かす場、がんばっている子どもが「ありがとう」と笑顔で声をかけてもらえるような機会を提供し続けてください。そのことが子どもに笑顔を取り戻し、明るい未来を創ります。どうぞよろしくお願いいたします。

（茅原直樹）

部活動指導員全体会

今日の部活動指導に求められる要件とは

中学校部活動の意義や理念は、時代が変わっても揺るがないものがあります。一方、教員の働き方改革等の時代の変化に応じた部活動の外部移行等を視野に、外部指導員には時代の要請を理解していただくことについて触れます。

部活動指導員の皆様におかれましては、お忙しい中、全体会にお集まりくださりありがとうございます。今年度の本校の部活動の実施にあたり、皆様方には部活動指導員として、子どもたちへの部活動の指導をお願いいたします。改めて御礼申し上げますとともに、ご協力のほど、どうぞよろしくお願い申し上げます。

さて、部活動の意義につきましては昔も今も変わらず、子どもたちが自ら興味をもつ部に所属し活動することを通じて、心身ともに健全な成長や発達に資するものがあります。運動系の部活動、文化系の部活動と大きく二つに区分することができますが、指導員の皆様お一人お一人の専門性をぜひ発揮し、子どもたちへの指導に当たっていただけましたら幸いでございます。

さて、本日は全体会でございますので、部活動を実施するにあたり、全般的にご理解・ご協力いただだきたいことをお伝えします。これは、本校のみならず地区内の中学校全体が共通に確認しているものです。もちろん本校でも教職員にはすでに周知を徹底しておりまして、そのうえで指導員の皆様にもお願いさせていただくものとご理解願います。

それでは、まず部活動の運営についての留意事項をお伝えします。部活動指導の在り方全般については、文部科学省や文化庁、都道府県教育委員会等においてガイドライン等が定められています。本校の部活動もその規程に則って活動を行っております。その一例として、生徒のバランスのとれた心身の成長や生活全般を見通した配慮等から、部活動の休養日や一日あたりの活動時間の設定にも基準が設けられております。

また、子どもたちの人権に配慮した活動についても、ご理解をお願いしたいことがございます。それは、体罰や暴言、不適切な指導等は、部活動の指導の過程にはあってはならないということでございます。また、生徒とのＳＮＳによるやりとりの禁止等、本日お集まりの皆様は、すでに高くご理解くださっており、安心して指導をお願いするものでございますが、配付資料にお目通しいただき、今日の部活動指導に求められる認識を新たなものにしていただけましたら幸いです。

それでは、この後担当からの説明がありますが、その後、ご質問等にお答えしてまいりたいと存じます。本日はどうぞよろしくお願い申し上げます。

（内野雅晶）

計画の実行と責任

1年生の遠足は、初めての班別自主行動。修学旅行へつながる大切な集団行動です。人間関係、公共の精神を養うこと、チームワークなど、特別活動の目的を達成させることが重要です。

みなさんが入学して一年がたとうとしています。去年の今頃は、子どもたちだけで遠足に行くとは思いもよらなかったことと思います。自分たちでグループを組み、行動計画を立て、自分たちだけで見学する。電車を乗り継いで、いろいろな地をまわる。しかもそこに先生はいない。ちょっとワクワクしませんか。今回の遠足は「自由」度が高いといえます。ただ、「自由」という言葉には必ず「責任」がついて回ります。自分で責任のとれないことはしない。これは、大人でも子どもでも同じです。自分たちで責任のとれる範囲で思いきり楽しんでください。

今回の遠足は東京下町がメインとなります。遠足委員が決めたテーマは、「江戸時代から続く文化を堪能する」。この共通テーマで、「つまみ細工」や「江戸切子」、「江戸団扇」などの工芸品を見学する班、歴史的建造物を見学する班、相撲部屋をのぞいたり、刀剣博物館や深川江戸資料館を見学したりする班、中には江戸の食べ物をテーマにお店をはしごする班というようなユニークな班もありました。それぞれの班が、しっかり事前学習をし、計画に沿った見学をします。遠足の目的には、「自然や文化などに親しむとともに、人間関係などの集団生活の在り方や、公衆道徳などについての望ましい体験を積む」という面もあります。自分たちだけで、初めての場所から場所へ移動することは、しっかりとした計画がなければできません。この計画が「責任を伴う」ということなのです。そして、「計画通りに実行する」ことも責任です。みんなで協力してください。

当日の朝、最寄り駅であるＪＲ線〇〇〇駅前で班別集合。出席確認の後は、班員たちだけで最初の目的地へ向かいます。途中二回、安全確認のため点呼をとりますが、あとは自分たちだけで目的地を巡り楽しんできてください。自分たちだけでの遠出は、なんだかワクワクしますね。

東京は、ただ大きな町、新しい街というだけではありません。歴史の重みの中に、現代の感覚が融合している魅力的な街並みを、みなさんも肌で感じながら、楽しい学習をしてきてください。

限られた時間の範囲で、計画通りにまわれるでしょうか。今回の遠足がうまくいくと、次はもっと遠いところへ行きます。最後は、修学旅行が楽しくなるはずです。みんなで協力して楽しい遠足にしてください。

でも、本当に困ったことがあったら、躊躇《ちゅうちょ》することなく、先生に電話してください。

（原　忍）

水泳を学ぶ意味を知るプール開きに

昨今の猛暑続きの夏では、生徒にとってプール開きは待ちに待った行事となっています。事故が発生しないよう留意させるとともに、水泳の授業の意味や必要性を感じさせる講話となるように考えました。

いよいよ今日は、みなさんが待ちに待った「プール開き」です。暑い毎日が続く中で、プールで過ごす水泳の授業は、みなさんにとって楽しみな時間になることでしょう。

水泳は、オリンピック・パラリンピック大会でも主要な競技であり、これまでにも多くの日本の選手がメダルを手にしてきた競技でもあります。みなさんにも、プールでの学習を通して、暑さに負けない元気な身体をつくってほしいと思います。そこで、今日のプール開きにあたり、これから始まる水泳の授業に関して、そのねらいや学ぶ意味について話をします。

水泳の授業が学校教育に位置づけられるようになったのは、過去に起こった、ある学校における水難事故が一つのきっかけといわれています。水泳は、保健体育の授業で行う他のスポーツと大きく異なる点があります。それは、当たり前のことではありますが、陸の上ではなく水の中で運動するという点です。陸の上と水の中とでは、身体が感じる物理的な特性が大きく異なっています。

みなさん、イメージしてみてください。水中を歩くときはどんな感じがしますか。腕や足を動かすためには大きな力が必要になると思います。また、水に深く潜るときはどうでしょうか。周りの水がとても重くのしかかってくるように感じると思います。では、力を抜いて身体を仰向けにするとどうでしょうか。今度は水に浮くことができますよね。

このように、水の中には、水の抵抗や水圧、浮力という陸の上と大きく異なる物理的な特性があります。そのことを、プールでの学習を通して理解しながら様々な泳ぎ方を身につけていくことが、水泳の授業の一つのねらいです。そして、クロールや平泳ぎといった様々な泳ぎ方を学ぶとともに、続けて長く泳いだり速く泳いだりすることを通して、友達と競い合う楽しさを味わいながら、全身の持久力などを養っていくのです。9月までの限られた期間ですが、ぜひ自分の目標を決めてそれに挑戦し、今年の水泳の授業を充実したものにしてください。

最後に、みなさんにお願いです。プールでの学習は、一つ間違えるとみなさんの命に関わることにつながってしまいます。先生の注意をきちんと守ること、準備体操をしっかり行うこと、バディシステムを必ず行うことを徹底してください。

みんなでルールを守ることにより、楽しい水泳の授業にしていきましょう。

（中嶋富美代）

【参考文献】

・文部科学省「水泳指導の手引（三訂版）」

豊かな大自然に包まれた［臨海・林間学校］を全員で貴重な体験としよう

［臨海・林間学校］は、自然と触れ合う機会の少ない中学生にとって、貴重な機会です。自然の偉大さを感じると同時に、集団生活のマナーを学ぶ機会でもあります。不安を抱える生徒も安心して参加できるように語ります。

夏休み、それは実力を蓄えるとき。小さい子どもは寝ているときに心も体も成長するといいます。夏休みは、みなさんにとってはまさにそんな時間です。大いに実力を発揮するために、しっかり力を蓄えるときです。

この［臨海・林間学校］は、豊かな自然の中で、インストラクター等のみなさんと触れ合い、共に生活体験や自然体験を重ねることで、楽しみながら自然と触れ合い、日常生活では得られない貴重な体験を通じて自然の偉大さを感じ、さらに自然への理解や感謝の気持ちを深めることを目的に実施するプログラムです。

そして、自然での体験は、みなさんの感性や創造性を刺激し、豊かな人間性を育むことにもつながります。普段の学校生活とは異なる、自然の中での貴重な体験の機会です。この間、みなさんは新しいことを学び、新たな友人もできることでしょう。その中で、困難にぶつかることもあるかもしれませんが、その克服こそがみなさんの内面の強さや成長を促してくれます。

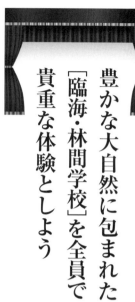

［臨海・林間学校］での体験は、日頃の自分の生活を見つめ直すチャンスでもあります。普段はつい誰かに頼ってしまうようなことも自分で解決しなくてはならないかもしれないし、集団の中で生活するということは、我慢しなければならないことも出てくるかもしれません。しかし、それこそ［臨海・林間学校］の意義だと思います。

私を含め、みなさんと行動を共にする先生も、一緒に過ごす時間をとても楽しみにしています。お互いの知らなかった面に触れたり、新たな一面を発見したりするのも［臨海・林間学校］の楽しみの一つでもあります。みなさんが安全で充実した時間が過ごせるよう、全力でサポートします。何か困ったことがあれば、遠慮なく相談してください。

結びに、今回の［臨海・林間学校］は、保護者の皆様のご理解・ご協力ならびに教育委員会、インストラクター、宿泊施設のスタッフのみなさんなど大変多くの方々の力を得て成り立っています。常に感謝の気持ちを忘れず、最後まで行動してくれることを期待します。

では、体調を整え、集団生活のルールやマナーをしっかり守って、最後まで全員が楽しく、快適に過ごせるようにしていきましょう！

（井上貴雅）

終業式（1学期）

生涯記憶に残る夏休みを過ごそう

1学期の学校生活を振り返り、がんばったことやうまくいったことを思い返させ、自己肯定感を促します。そして、自身の経験も踏まえ、生涯記憶に残るような夏休みの過ごし方について話します。

みなさん、おはようございます。

今日で1学期も終わります。この1学期を振り返って、自分が一番がんばったことや、一番よい結果を出したことを思い返してみましょう。いかがですか。1年生のみなさんは、4月から新しい生活が始まり、はじめのうちは戸惑うこともあったようですが、今ではすっかり中学校生活に慣れてきた様子がうかがえます。新しい友達との出会いもありましたね。2・3年生のみなさんは、体育祭や修学旅行ですばらしい行動力を見せてくれました。そして、部活動でよい結果を出せた人もいましたね。

1学期を振り返って、うまくいかなかったことを反省することも大切ですが、それらをいつまでもくよくよ考えていても仕方ありません。それよりもむしろ、よくできたことや自分ががんばったことを思い返して、さらに自分を高めていくことを考えましょう。

さて、明日からはいよいよ夏休みです。この長い休みにあたってみなさんに期待することは、何かに集中して取り組み、生涯記憶に残るような休みにしてほしいということです。勉強でなくても何でも結構です。例えば、大人になって中学生時代の夏休みを思い出したとき、「中1の夏休みは、部活動に全部参加したっけ」とか、「中2の夏休みは、毎日必ず家の仕事を手伝ったなぁ」とか、「中3の夏休みは受験勉強で、一か月間、図書館に通い続けたっけなぁ」など、そんな印象的な夏休みにしてほしいと願っています。そのような経験は、きっとみなさんの将来にとって心の糧になると思います。

私も、いくつか印象的な夏休みを過ごした記憶があります。私は高校時代は山岳部に入っていて、山登りばかりしていたのですが、高校1年生の夏休みは、体力トレーニングを兼ねて、山小屋で荷揚げのアルバイトをしました。

初日は麓から、例えば缶ジュースなど、およそ30kgの荷物を担いで登ります。自分の衣類や水などを含めると、40kg近くになります。登りは重い荷物を担いでいくと八時間ほどかかりました。翌日からは、山小屋からお弁当と水だけ持って、三時間ほどかけて山を駆け下ります。麓に着いたら、その日の荷物を背負子にくくりつけて、またゆっくりゆっくりと山小屋に向かって登るのです。夕刻、木々の間から山小屋の明かりが見えてきたときは、とてもうれしく思いました。これを一週間ほど続けたのですが、物事をやり遂げる自信が身についたような気がしたことを、今でも鮮明に思い出すことができます。

それでは、ぜひすばらしい夏休みをお過ごしください。また2学期に、元気な笑顔で会いましょう。

（松岡敬明）

生徒総会

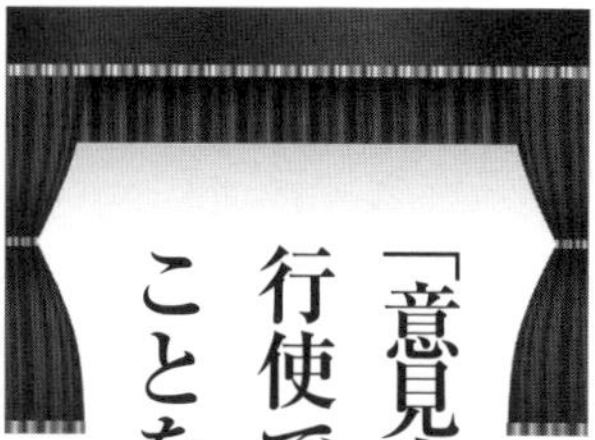

「意見表明権」を正々堂々と行使できる生徒になることを期待して

生徒総会は、学校生活の充実と向上を図るために、自主的・実践的な取組を期待するものです。集団や社会における人間関係をよりよく形成するためにも重要な学校行事であることを伝えます。

「今日は、待ちに待った生徒総会だ！」と、ワクワクと待ちわびていた人、手を挙げてください。

私は、毎年、この場で同じ質問をしているのですが、手を挙げてくれる生徒はほとんどいませんでした。今日も残念ながら手が挙がりませんでした。

なぜでしょうか？　これまで、何人かの生徒に尋ねてみました。聞かれた生徒は、「自分の学校生活にあまり関係がないと感じているから」と異口同音に答えました。今、ここに集っているみなさんも同じように考えているのではないでしょうか。

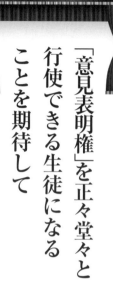

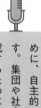

それは本当でしょうか？　学校生活を見てみると、授業は、時間割に沿って、教科書を使って、先生が決めた指導内容で進められているように見えます。学校生活の規律を定めた「校則」も、入学して以来、一方的に示され、なぜその規則が定められたのか、その理由の詳しい説明もないままに守らされているように感じているのではないでしょうか。

でも、これって、みなさんが一方的に、強制的に押しつけられるのは正しい在り方でしょうか。みなさんは、牢獄にいる囚人ではありません。詳しい説明、納得のできる説明を受けないまま、一方的に従うことを強制される謂れはありませんし、教職員にもそのような権利は与えられていません。

では、今、この生徒総会の場に最もふさわしい考え、態度とはどのようなものなのでしょうか。

令和5年4月に施行された「こども基本法」という法律を知っていますか。この法律では六つの大切な考え方が定められていますが、その中の一つに、「すべてのこどもが、年齢や成長の程度に合わせて、自分に直接関係することに意見を言えたり、さまざまな活動に参画できること」があります。この権利は、みなさんにとってとても重要なものです。みなさんは、数年後には成人になります。つまり、一人の社会人として自分に関することは自分で決めなければならない立場になるのです。

みなさんは、自分に直接関係のある学校生活の全体について、自分の考えを堂々と表明し、あらゆることを納得のできるものにする権利を与えられているのです。みなさんに与えられているこの「意見表明権」も、みなさんが正しく行使しなければ絵に描いた餅となり、みなさんに何の利益ももたらしません。

そうです。この生徒総会は、すべての生徒のみなさんに平等に意見表明の場を保障する重要な会なのです。「待ちに待った生徒総会だ！　真剣に考え、積極的に意見を発表するぞ！」と奮い立つことを期待し、生徒総会と明日からのみなさんの言動がどのように変化するか、楽しみにしています。

（新藤久典）

【参考文献】

・こども家庭庁パンフレット『こども基本法ってなに？』（https://www.cfa.go.jp/policies/kodomo-kihon/）

生徒会役員選挙の有権者として

生徒会役員選挙にあたり、生徒会の役割を改めて考えさせ、自主的によりよい学校生活を目指す大切さを伝えます。また、民主主義における選挙の意義についても考える機会とするような話をします。

今日は、生徒会役員選挙ですね。役員候補者として立候補したみなさん、みなさんが学校の未来をよりよくするために力を発揮していこうとする姿はとても立派です。

では、これから始まる立ち合い演説会にあたり、二つのことをお話ししたいと思います。

一つ目は、生徒会とは何かということです。

生徒会は全校生徒の一人一人を会員とする組織です。生徒会の役割は、生徒のみなさんが自らの手で、学校生活を充実させたり、改善や向上を図ったりすることです。そのために、生徒のみなさんが自主的に活動することが期待されています。また、各種委員会の活動を通して、友達同士や上級生と下級生との好ましい人間関係をつくったり、集団の一員としてよりよい学校生活づくりに加わって、協力して問題を解決する力を身につけたりすることが大切です。生徒会活動を通して培った力は、みなさんがやがて大人になって社会生活を送るときに、きっと役立つはずです。

さて、今回の生徒会役員選挙は、この生徒会活動を引っ張っていくリーダーを、会員であるみなさん自身が投票によって決めるという大変重要な機会です。私たち教職員は、生徒会役員選挙においては有権者ではありませんが、一人一人の生徒が、本当に本校の学校生活を考え、その未来を託せる代表者を真剣に選んでいくことを期待しています。

二つ目は、選挙とは何かということです。

選挙は私たちの社会において非常に重要な仕組みであり、民主主義の根幹です。民主主義とは、すべての人々が意見をもち、それを反映させる権利をもつ社会のことです。そして選挙とは、例えば国会議員や市長など、国や地域のリーダーを選ぶための方法です。選挙によって選ばれた人々が私たちの代表となり、生活に影響を与える重要な決定を行います。選挙によって私たちは、自分たちの意見や考えをリーダーに反映させることができます。これにより、公平で公正な社会が保たれるのです。3年生のみなさんは、あと三年もたてば、本当の選挙権を有することになります。ぜひ選挙の意義も考えながら、今回の生徒会役員選挙に臨んでいただきたいと思います。

生徒会の役員選挙も実社会の選挙と同様に、人気投票ではありません。この人にならこれからの生徒会を任せられる、そして、この人なら自分も協力してよりよい学校づくりに力を注いでいけると思える人をぜひ選んでください。

（松岡敬明）

新しい挑戦にワクワクを

中1ギャップ対策としての体験授業ですから、安心感を与えることに尽きます。中学校の先生たちは、気心の知れた自分たちの先生と仲が良いこと、中学校での新しい友達や授業がワクワクするものであることを強調しています。

みなさん、こんにちは。○○中の校長、○○○○です。

校長先生はみなさんのこと、知っていますよ。この市内の小・中学校の校長先生たちはみんな仲が良いから、校長先生もみなさんの小学校に度々おじゃましています。入学式や卒業式はもちろん、運動会や学習発表会、音楽会や授業参観にも出かけて、みなさんが活躍する姿を見ています。今日は、6年生のみなさんが、○○中学校に来てくれました。みなさんは、来年から○○中学校の1年生になるので、今日はこの中学校のことをいっぱい知ってもらいたいと思っています。

まずは、校長先生から、○○中を紹介しますね。○○中は一学年○クラスで、3年生まであります。だから生徒数は全校で○○○名です。小学校と比べて多いでしょう。○○中には、○○小と○○小と○○小から入学してくれるので、大勢になるのです。今日もこの中に知らない顔のお友達がいますよね。こちらのグループが○○小で、こちらのグループが○○小、こちらのグループが○○小のお友達です。あとで一緒に勉強しますので、お隣になったら、互いに元気な声であいさつしてくださいね。

中学校の授業は小学校より5分長く、50分の授業になります。「算数」は、ちょっと名前が変わって「数学」と言うようになります。大人びた感じがしますね。学校の大きさや、生徒の数、授業の様子など、今いる小学校とちょっとずつ違いがあるので、早めに慣れてほしいと思って、今日は体験授業に参加していただくことになりました。人間は誰しも、「知らないこと」に不安を感じるものです。でも同時に、未知のことにワクワクもするものです。旅行に行く前の日、「どんなところかな」とワクワクしますよね。新しい友達と話をするのは、不安と同時に、「どんな子かな」と、ワクワクもありますよね。そして、仲良しになれたらとてもうれしいですよね。だから今日は、知らないお友達とも話をしてみて、ワクワクしながら授業に参加してください。○○中の先生たちもみなさんに会えるのを楽しみにしていたのですよ。そして、先生たちはみなさんに「中学校の授業って、おもしろい‼」と感じてもらえるように、いろいろ考えて今日の授業の準備をしてきました。

みなさんは意外に思うかもしれませんが、みなさんの先生と○○中の先生って、実は仲の良い顔見知りなのです。先生たちは年に何回か、小・中学校間で交流をしています。小学生のみなさんが中学生になって、いきなり勉強が難しくなったと感じないように、小学校と中学校の学習がうまくつながるように連絡を取り合っているのです。ですから今日は、安心して授業に参加してください。

今日の授業は「国語」「数学」「理科」とあります。その後、先輩たちが部活動の紹介をします。毎年評判のおもしろさです。楽しみにしていてください。

（原　忍）

自分の気持ちを大切にした進路選択を

中学生にとって、卒業後の進路の選択についての意識は様々で個人差があります。教育実習生の紹介をきっかけに、生徒一人一人の将来の職業選択を意識した高校選択等、卒業後の進路についての意識を高めさせます。

（体育館のステージで）教育実習生を紹介します。本校の卒業生で現在、大学4年生として大学生活を送っています。教員になるための勉強をしている○○□□さんです。近い将来、学校の先生になる人ですから、○○先生と声をかけるようにしましょう。それでは、まず○○先生から自己紹介をしていただきます。○○先生お願いします。

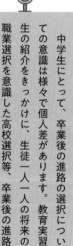

（実習生自己紹介、その後降壇）

今、教育実習生の○○先生からみなさんに「よろしくお願いします」とあいさつがありました。私からもみなさんによろしくお願いします、とお伝えしたいと思います。その理由を少しお話しします。

先日、○○先生が学校の先生になりたいと思ったのはいつ頃なのですか、ということをお聞きしました。その答えは、中学生時代でした、とのことでした。本校の卒業生ですので、もう少し詳しく聞きたくなりました。中学生の頃は、まだ漠然とした思いだったそうです。しかし、2年生のときに五日間、幼稚園で職場体験をしたときには、子どもに関わる仕事のやりがいのようなものを感じていたそうです。その後、普通科の高校に進学して、進路学習を進める中でその思いはより具体的なものになったそうです。さらに、高校時代のクラスメイトの進路に対する希望は様々だったので、自分の卒業後の進路については、自分が本気で考えなければならない、という気持ちがとても強くなったそうです。そして、大学進学にチャレンジするときには、その気持ちが確かなものになっていて、教職課程という学校の先生になるための勉強ができる大学に進学することを決意したそうです。つまり、○○先生が今日、本校で教育実習を行うための準備は中学生時代に遡ることができるのです。

さて、みなさんは1年生のときに職業調べの学習を行い、2年生では職場体験を行います。それは、3年生で中学校を卒業した後の進路を自分で決めるための準備学習ということなのです。○○先生は学校の先生になりたいという芽生えが中学生のときにあったようですが、その気持ちはまだ漠然としたものでした、と先ほど紹介しました。

みなさん一人一人にお聞きしたいと思います。将来の職業選択について、現時点で、どのように考えていますか。○○先生のように将来を予感するような何かをつかんでいる人もいると思います。またそうではなく、何もイメージをもつことができない、という人もいるのではないでしょうか。どちらにしても、それは正直な気持ちであり、どちらが正しく、またはふさわしくないということではないのです。○○先生が高校生時代にクラスメイトの進路は様々だったと、お話ししました。

将来の職業選択は人それぞれであり、自分はどうしたいのか、という気持ちを大切にしてほしいと思います。

（内野雅晶）

弁論大会

相手意識をもって伝える・聞く

行事の意義を確認し、一人一人が我がこととして臨めるように語りかけます。「弁論大会」は、伝える側と聞く側の両方がつくり上げる行事であり、今後の生活や人生を生きる力をつけるためのものであることを踏まえて話します。

弁論大会当日を迎えました。この日のために準備を重ねてきた弁士のみなさん、心を込めて自分の主張をみんなに発信し、伝えてください。楽しみにしています。

さて、「弁論」という言葉ですが、日常生活の中で頻繁に使う言葉ではないように思います。そもそも、「弁論」とはどのような意味をもつ言葉なのでしょうか。「弁」には、語る、話す、述べるといった意味があります。「論」には、すじみちを立てた話、考え、といった意味があります。このことから、弁論という言葉には、「自分の考えについてすじみちを立ててまとめ、人に伝える」という意味があり、今日は、その大会であるといえます。

聞く側のみなさんは、今日の弁士一人一人の「話し方・伝え方」に注目してみましょう。昔の弁論大会では、強く大きな声で自分の考えを主張する「絶叫型」の弁論もあったそうですが、現在は「対話型」「説得型」に変わってきているといわれます。今日の弁士のみなさんの話し方・伝え方にはどのような特徴があるか、考えながら聞いてみてください。「絶叫型」「対話型」「説得型」などの言葉で表される弁論の仕方の違いは、それぞれの弁士の工夫の一つといえます。弁士がこうした工夫を積み上げる準備は二段階に分かれています。それは、「書く段階」と「話す段階」です。

まず、「書く段階」。これは原稿を書く準備のことです。「自分の考え、主張を聞く人たちは、どんな人たちだろう。年齢は？　立場は？　どんな意見をもった人たちが集まっているのか？」など、様々なことを考える必要があります。このように、自分の話を聞く人たちはどのような人なのか考えることを「相手意識をもつ」と表現することがあります。弁士はみんな、相手意識をもって話のテーマに沿った材料を集め、整理し、話の中心部分を決め、考えの根拠をはっきりさせるなどの準備をしてきました。さらに「序論・本論・結論」の三段階でまとめるか、「起・承・転・結」の四段階でまとめるか、など、話をどんなまとまりに分けて組み立てるか、考えたはずです。こうしてまとめた発表原稿は、何度も修正を加えて書き直し、練りに練られたものです。

次に、「話す段階」。工夫して仕上げた原稿を棒読みしたのでは、聞く人に伝わりませんね。声の大きさ、強さ、話し方の速さ、間のとり方などをどうするか、自分の考えがしっかり伝わる話し方について考え、何度も練習し、準備をしてきたはずです。

今日の弁士のみなさんの弁論は、こうした努力の集大成です。聞く側のみなさんも真剣に受け止め、話す人、聞く人の両方でつくり上げる、いい大会にしましょう。

（秋庭加恵手）

【参考サイト】

・日本弁論連盟「初めて弁論を学ぶ人のために」

セーフティー教室

ルールを守ってＳＮＳを

ＳＮＳ等のインターネットはほとんどの生徒が活用しており、中には被害を受けながら隠している生徒もいると思います。未然防止も含めて、「困ったときには相談できる」と思えるよう、優しく語りかけることが大切です。

みなさんこんにちは。今日のセーフティー教室では講師に○○先生をお迎えして、みなさんにＳＮＳ等の利用上の注意を話していただき、みなさんがトラブルなど危険を回避しながら安全にインターネットを利用できる力を身につけていただきたいと考えています。

学校では、ＳＮＳの安全な利用だけではなく、各教科、道徳科、総合的な学習の時間、学校行事、生徒会活動、学級活動、部活動等の全教育活動を通して、安全教育の課題を設定し、みなさんが自ら考え、行動できるようにすることを目指して、安全学習に関する様々な項目に取り組んでいるところですが、具体的には、本日のセーフティー教室の他にも、交通安全教室や地域安全マップづくり等を計画・実施したり、地域と連携した防災訓練等を実施したりするなど、地域防災への参加を考える活動があります。今回のセーフティー教室では、いじめ等のトラブルや犯罪に巻き込まれないようにするとともに、学習への悪影響を防ぐため、ＳＮＳを利用する際のルールなどにも触れていただき、みなさんが安全に楽しくインターネット環境で過ごせる力を身につけていただきたいと考えて講師の先生をお招きしました。スマートフォンや携帯電話は小学生でもほとんどの児童が利用可能な状況にあり、中学生ではほぼ100％の生徒が利用しているといわれています。このような状況の中で、例えば、①インターネット利用上のルール、②コミュニティサイト等で可能性のある被害、③被害防止のためのフィルタリング、さらには、④架空請求や脅迫のメールを受け取ってトラブルに巻き込まれた例、⑤見知らぬ人からの誘い等にのって性犯罪に巻き込まれた例など、みなさんが知っておいてほしいことがあります。トラブルに巻き込まれたら、すぐに保護者や先生に相談することが大切ですが、まずはみなさん一人一人がSNSを利用するうえで守るべきルールを知り、安全に利用できる力を身につけてほしいと思います。

お招きした講師の〇〇先生からは「青少年によるSNS利用の実態と安全利用に向けた対策について」という題でお話をいただきます。いただいた資料にあるように、⑴頻発するトラブル、⑵増えるネットいじめ、⑶ネット誹謗中傷（青少年が被害に）、⑷侮辱・攻撃・セクハラ、⑸SNSと性被害（性的な画像の要求）、⑹様々なトラブルからどう守るか、という観点からお話をいただきます。先生どうぞよろしくお願いします。

（岡田行雄）

【参考文献】

①こども家庭庁「令和5年度「青少年のインターネット利用環境実態調査」報告書」

小・中学校、保護者、地域の連携・協働による健全育成に向けて

子どもを取り巻く環境が著しく変化している今日、学校・家庭・地域社会が共通の目標に向けて連携・協働することは不可欠です。参加者、回数、活動内容等は様々ですが、参加者へ校長としての考えや意気込みを語ります。

本日は、お忙しい中、「小・中連絡会」にご参加いただき、ありがとうございます。私は、○○中学校校長の○○と申します。学校を代表しまして、一言ごあいさつ申し上げます。

本日の会は、○○小学校、○○中学校、保護者、地域が連携・協働し、児童・生徒の健全な育成を図ることを目的として、教員、保護者、地域関係者の皆様が参加し、情報共有、意見交換・協議などを通して具体的な取組を行うことを趣旨としています。この後、担当者から具体的な内容や今後の進め方についてご説明いたします。

さて、現在、子どもたちを取り巻く環境には様々な課題がありますが、「○○町の子どもたちのために」という共通の目標に向かって学校・家庭・地域社会がそれぞれの立場で、それぞれの役割を果たしながら連携・協働することが大切です。

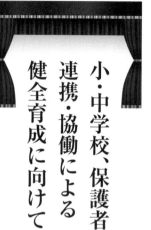

私は、連携・協働の第一歩は、大人同士が相互に顔と名前を覚え、次回どこかで出会ったときにあいさつを交わす関係を築くことだと考えております。大人同士が「こんにちは」「お元気そうですね」「いつもお世話になっています」などと明るく言葉を交わし合う地域は、子どもたちにとっても安心して生活できる場所ではないでしょうか。こうした大人の姿を見て、子どもはいつしか自分の学校や暮らしている地域に対して愛着や誇りをふくらませていくのだと思います。

したがって、本日のように、○○小学校・○○中学校の教員、○○小学校・○○中学校のPTA会長をはじめ保護者の皆様、○○地域の青少年健全育成団体の皆様、民生・児童委員をはじめ地域関係者の皆様……が一堂に会することに大変意味があると思います。

また、こうした場があるからこそ、新しい出会いもあり、視野を広げることができます。そんな喜びを感じながら、皆様と一緒に校長として努力してまいりますので、よろしくお願いいたします。

最後になりますが、本会を企画運営してくださった関係者の皆様に心より感謝申し上げまして、あいさつといたします。

（臼倉美智）

避難所運営委員会

練習は本番のつもりで、本番は練習のつもりで

学校が行う防災教育について、地域住民に知ってもらう機会にするとともに、避難訓練をはじめとする災害を想定した取組においては、目的意識をもって主体的に取り組むことが重要であることを示唆します。

地域の皆様、日頃より本校や本校の生徒を見守っていただき、様々なご支援を賜っておりますことに厚く御礼申し上げます。避難所運営委員会を開催するにあたり、一言あいさつ申し上げます。

令和6年能登半島地震、宮崎県日向灘を震源とする地震等、ここのところ大きな地震が相次いで発生し、宮崎県日向灘を震源とする地震では南海トラフ地震の臨時情報が出されました。こうした状況の中、皆様も発災への不安が大きくなっているのではないでしょうか。

ところで公立の学校は、教育課程に避難訓練を位置づけ、定期的な指導を実施しています。回数はなんと年に十一回。夏休み期間中の8月を除き毎月必ず行っているのです。火災や地震の想定が中心ですが、時には不審者の侵入、また学校の立地によっては津波や洪水、土砂崩れなどを想定して行います。また、年度のはじめ頃の避難訓練では、訓練があることを予告したうえで注意事項を周知し、各学級から担任の先導のもと、避難経路図に示されたコースを通るという基本形の避難をさせますが、以後は予告なしで行ったり、休み時間や登下校中など教師がいない状況で行ったりと、状況を様々に

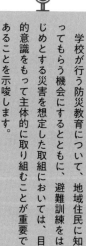

変化させ、いかなる状況においても生徒一人一人が自らの安全を確保できるように工夫しています。訓練を通じて私たちが生徒に求めているのは、「練習は本番のつもりで、本番は練習のつもりで」行うことです。ただ避難行動をとるのではなく、火災や地震が発生した場合の周囲の状況を想像させ、その中で身を守るために必要なことを主体的に考えさせるのです。そして万が一災害が現実となった場合、何十回と訓練を繰り返してきたことを自信に、落ち着いて避難行動をとれるようにしたいのです。

さて、皆様ご存じの通り、避難所運営委員会は、災害時の避難生活に備え、市民と行政が一体となって防災体制を築いていくための組織です。そして発災時には、住民自らが避難所を開設し、地域住民全員が生き残るうえで必要な最低限のことを自分たちで行うための様々な指揮をしていただく組織となります。今、学校が行う避難訓練の話をしましたが、「練習は本番のつもりで、本番は練習のつもりで」備えていただくことが重要であるのは同じと思います。皆様にかかっています。

この後、避難所運営の準備、避難所運営における役割分担、施設の使用範囲・使用方法、避難所生活のルールなどが話し合われ、見直しや決定がなされるのでしょうが、改めて、避難所となる本校を「本番のつもり」でご覧いただき、いろいろと想像を巡らせていただけたらと思います。私たち教職員ももちろん最大限協力させていただきます。よろしくお願いいたします。

この避難所運営委員会において、各町会、各自治会、消防団等の自主防災組織等が連携し、行政と一体となって主体的に万が一の事態に備えること、そして仮に災害が発生しても、円滑に避難所が開設・運営されることを祈念し、あいさつとさせていただきます。

（三田村裕）

始業式（3学期）

呼び名で自分を見つめ直す

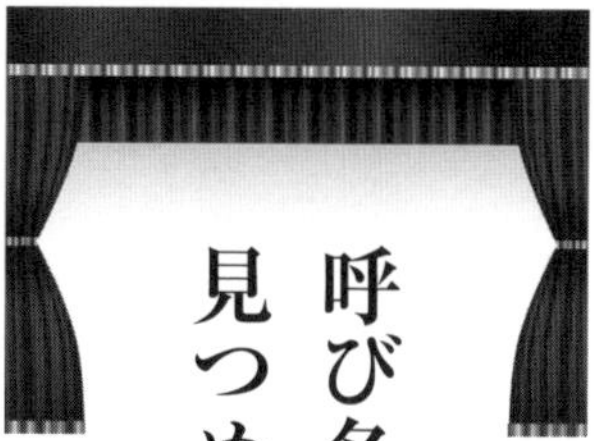

始業式といっても、2期制の場合と3期制の場合では、ニュアンスが変わりますし、学期ごとにその内容も当然変わります。

3学期は、年度のまとめと新年の決意を重ねて話すようにします。

新年あけましておめでとうございます。いよいよ3学期が始まりました。新しい年の幕開けであると同時に、学年のまとめの学期です。特に3年生のみなさんは、ここから先は健康管理も大切になってきますから、感染症予防対策にもしっかりと取り組んでください。

ところで、ここでちょっと前にラジオで聞いたクイズをみなさんに出してみたいと思います。

「あなたのおじいさんとおばあさんが生まれた日はいつでしょうか」

さて、答えは何でしょうか?

答えは「あなたが生まれた日」です。なぜなら、おじいさんになるのも、おばあさんになるのも、孫が生まれたから。だから、おじいさんとおばあさんが生まれた日は、孫である「あなた」が生まれた日なのだそうです。

このクイズについて聞いたとき、私は、「人は自分が関わる相手によっていろいろな自分に生まれ直すのだな。そして、新しい呼び名をもらうのだ」ということを、ふと考えました。

私には、大学生の息子がいます。当たり前ですが、その息子は、私をお父さんと呼び、校長とは呼びません。母親にとっては息子、孫にとってはおじいさんです。

ちょっと考えてみただけで、私には、父親、祖父、弟、息子、夫、友達、先輩、校長と八人の自分がいて、八つの呼び名があります。

人には、関わり方の違いによって何人もの自分、別の役割、別の呼び名がある。そこまで考えてみて思いました。自分が父親でいられるのは、自分をお父さんと呼んでくれる人がいるからだ。自分が校長でいられるのは、自分を校長と呼んでくれる人がいるからだ。だとすると、果たして自分は、自分をお父さんと呼んでくれる人にとっていい父親でいるか。校長と呼んでくれる人にとっていい校長でいるか。友達と呼んでくれる人にとっていい友達でいるか。そうやって自分を見つめ直すと、あまり自信はありません。

そこで、私は、この一年、それぞれの呼び方で自分を呼んでくれる人にとって、あなたが友達でよかったとか、先輩でよかったとか、先生でよかったとか、そのように思ってもらえるように、私に関わるすべての人に誠実に向き合って生きていこうと思いました。

みなさんはいくつの呼び名で呼ばれていますか。３学期のスタートにあたり、ちょっと考えてみてもよいでしょう。今年が、君たちにとってすばらしい一年になることを心から祈って式辞とします。

（茅原直樹）

スキー教室

「冬の雪山」を体感しよう

家族でスキーに行った経験のある生徒が少なくなっています。多くの生徒にとって、初めての雪山の経験です。そこで初めて見聞きし体感する自然を、意味のあるものとして心に刻んでほしい。そういう願いを伝えます。

かつてスキーは若者にとって人気のレジャーの一つでした。スキー場には派手なスキーウェアに身を包んだ若者が数多く集まり、リフトに乗るにも長く並んでいないといけないほどでした。現在、スキーを楽しむ人は当時の約三分の一だといいます。余裕をもってスキー実習ができるようになったのはありがたいことですが、少し寂しくもあります。

ではなぜスキー教室を行うのでしょうか。集団生活の実習という意味合いももちろんあります。生涯スポーツの観点から、ウィンタースポーツを経験するという意味もあるでしょう。でも私が挙げたいのは、雪に覆われた冬の山を体感してほしいということです。リフトで山頂に上がり、はるか向こうに見える白い山脈のパノラマを見ながら、肌を刺すような冷気を感じること。いくら言葉にしても、実際にその場に立たなければ、絶対に分からない感覚です。そういうものを体感してほしいと思っています。

現在、地球全体で温暖化が進んでいます。実際、これからみなさんが訪ねるスキー場も、以前に比べれば雪の量が減っていると聞きました。環境問題はみなさん自身にとっても身近な、そして差し迫った問題です。

これから環境問題について考えるとき、みなさん自身の中に守るべき自然のイメージがあること、このことが極めて重要です。身の回りの自然はもちろんですが、このスキー教室で体験するようなスケールの大きな自然。それらが守るべきものとしてみなさん自身の中にしっかりと刻まれること。これからを生きるみなさんが、我が国の豊かな自然について、経験し理解することには大きな意味があるはずです。

ただバスに乗ってスキーをしてきました、楽しかったです、で終わらないような、一人一人の成長に生かせるスキー教室になるよう、期待しています。

（栗林昭彦）

研究発表会

晴れの舞台に教職員への感謝を込めて……

研究発表会は、教職員にとっての晴れの舞台といえる場です。これまでの研究の過程を知っている校長だからこその言葉で、努力をねぎらい、心を一つにできる場になるような話をすることが大切です。

会場の皆様、本日は、本校の研究発表会にご参加いただきまして、誠にありがとうございました。皆様のお力添えをいただき、すべての発表を終えることができたことに心から感謝申し上げます。本校は、〇〇市教育委員会研究奨励校として、この二年間、次代を担う子どもたちに言葉の力を育む授業の創造を目指し、全教職員一丸となって研究を積み重ねてまいりました。まだまだ研究は途上ではございますが、本日の発表ではこれまでの取組や成果の一端をご覧いただけたことと思います。本日の会を閉じるにあたりまして、関係の皆様に改めて御礼を述べさせていただきます。

はじめに、講師の〇〇先生には、二年間にわたり、本校の研究に親身なご指導を賜り、誠にありがとうございました。お忙しい中、何度も本校に足を運んでくださり、目指す生徒の姿や授業イメージを具体的に示していただけたことで、研究に行き詰まったときもみんなで方向性を確認し、暗礁に乗り上げてしまったこともあった本研究を、なんとか軌道に乗せることができました。

また、教育長○○様をはじめ○○市教育委員会の皆様、そして校長会の皆様には、常に側面からご支援をいただけたことで、安心して研究を進めることができました。ありがとうございました。

そして、このような場で恐縮ですが、本校の教職員に対しても、感謝の意を述べさせていただきたいと思います。

本校は、この二年間、研究主任や研究部の教員を中心に、子どもたちに生きて働く言葉の力を身につけさせる授業の構築について、ゼロからスタートして研究を進めてまいりました。国の学力調査結果等から課題を明確にしてみんなで共通理解を図り、「自分の考えを言語化し、他者と交流して考えを深める」ことを共通実践として、言葉の力を育む取組を各教科等の授業や行事、学級活動等に全教員が積極的かつ意図的・計画的に位置づけてきました。研究の過程では、若手教員や経験豊かな教員が相互に学び合うとともに、事務室の職員等も環境整備等をすすんで行ってくれました。その甲斐あって、子どもたちが生き生きと考えを交流し合う姿が随所で見られるようになりました。言葉の育成を媒介にし、カリキュラム・マネジメントの視点をもって本校のリソースを最大限生かした研究を行うことができたのは、ここにおります全教職員のおかげであることを、皆様にお伝えします。

結びに、このような学びの機会をいただきましたことに、改めて心から感謝申し上げます。このたびの研究発表会を一つの糧として、今後も子どもたちのために教職員が一丸となってさらなる研究を進めることをお誓い申し上げ、謝辞とさせていただきます。本日は誠にありがとうございました。

（中嶋富美代）

見えないバトンをつないでいく

卒業生を送る会は、卒業式を目前に生徒主体で行われる学校行事です。毎年３年生が卒業していきますが、それを伝統の継承として下級生に自覚させ、その伝統にさらに磨きをかけることが使命であることを理解させます。

卒業生を送る会の開会にあたり、一言お話しします。まず、実行委員のみなさん、卒業生を送る会の実施に向けた様々な準備を進めてくださり、ありがとうございました。１・２年生の生徒のみなさん、今日はまもなく中学校を卒業していく3年生のみなさんに、下級生としての感謝の思いを合唱演奏等を通じて伝えてほしいと思います。また、３年生のみなさんは3年生を送る会の主役として、下級生からの思いを受け止めつつ、卒業にあたり下級生に対するメッセージをしっかり伝えてほしいと思います。

さて、「卒業生を送る会」には3年生から下級生にバトンが渡される意味合いがあります。ここでのバトンは目に見える形ではありませんが、リレー競技でのバトンタッチのイメージそのものです。バトンタッチにあやかり、しっかりと本校のよき伝統を引き継いでほしいと思います。

よき伝統とは、みなさん一人一人が活躍する姿そのものであり、それが全体となって学校としてのよき伝統となります。これまで卒業生からバトンが引き継がれてきて、今日があることが理解できると思います。引き継がれたバトンは日常生活の中では意識しないと思いますが、見えない形で学校生活全体に及ぶ基本的な生活規準となっているのではないでしょうか。バトンは見えませんが、大切にしたい価値があります。

それでは、見えないバトンで引き継がれているよき伝統を、見える形としてその価値を確認してみましょう。それは当たり前の日常の中にあるものと、行事などのように一時期に集中して取り組むものの二つの場面に大きく分けることができます。

当たり前の日常とは、すなわち授業や部活動といったルーティンで行っている学校生活です。授業では、分からないことを分かろうとする向上心、新しい知識を吸収しようとする好奇心などがあります。また、運動系部活動では、技術や身体的能力を高めようとする自分への挑戦、文化系部活動では一つのことを究めようとする探求心などを挙げることができると思います。

また、一時期に集中して取り組む行事についても、見えないバトンを意識してみましょう。確認する必要はないかもしれませんが、運動会、学芸発表会や合唱コンクールといった校内での行事、林間学校や修学旅行などといった校外での行事がすぐに思い浮かぶと思います。また、生徒総会や新入生歓迎会などもあります。それらのすべてに共通していることは、生徒のみなさんが行事を計画する段階から実行委員会などを組織して主体的に取り組み、行事を実現していることです。

そういった見えないバトンは、毎年引継ぎを行いながら、よき伝統に一層磨きがかかり輝きを増していくのではないでしょうか。みなさん同士の見えないバトンタッチにこれからも期待しています。

（内野雅晶）

修めたもの、引き継ぐもの

卒業式で3年生を送り出した後に行う修了式は、1・2年生がそれぞれ進級することを実感する場でもあります。3年生が残していったものを大切に引き継ぎつつ、新しい学校づくりに参加する気持ちを喚起します。

令和○年度修了式の日を迎えました。みなさんの中学校1年生・2年生の一年間が終わろうとしています。

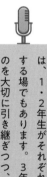

1学期、2学期と「終業式」を実施しましたが、この、3学期の最後の日は「修了式」を行います。（文字を書いたものを提示しながら）1学期、2学期は終業式と言うのに、3学期だけはなぜ違う呼び方をするのでしょうか。修了式の「修」の文字には、「学問をおさめる、身につける」という意味があります。みなさんは、この一年間、定められた教育課程に基づいて授業や行事などに一生懸命に取り組み、力をつけました。その日々が終わりますという区切りの式が修了式です。

春休みを挟んで、また新しい一年間が始まるまでのこの時期、この区切りには、自分のことを振り返ることが大切です。一年前の自分と一番違う点は、どんなところだと思いますか。体力、運動の面ではどんなことができるようになりましたか。学習面ではどんな力が身につきましたか。心の面で成長したなと思うのはどんなことですか。自分の成長したところをゆっくり、じっくりと振り返りましょう。

　そして、自分を見つめ直した後は、これからの目標について考えましょう。新しい一年間が始まったら、何に挑戦し、どんなことができるようになりたいですか。もし、考えが浮かばないなぁということであれば、今日、、みなさんが手にする通知表の所見欄を改めて読んでみてください。そこにはみなさんが努力したこと、成長したところ、これから伸ばしていくとよいところについて、担任の先生からのメッセージがあります。きっとこれからの目標を考えるきっかけやヒントを見つけることができるでしょう。

　さて、先日の卒業式では、みなさんの3年生を見送る態度が大変立派で感心しました。長い時間、式典に集中し、心を込めて卒業生を見送るみなさんの様子は、これからの○○中を背負っていくのにふさわしい姿だと感じました。今、この体育館に、慣れ親しんだ3年生はいません。一生懸命に過ごした三年間に無事、区切りをつけ、次に自分の生きる場所を決め、卒業していきました。みなさんは、「残り姿」という言葉を知っていますか？　3年生の姿はもうないのですが、目をつぶって思い出してみると、一緒に過ごした時間がよみがえってきますね。この体育館という場所にも、朝礼や文化祭、部活動で、3年生が残していってくれた姿が確かにあります。これを「残り姿」という言葉で表すことがあります。残り姿が、学校の「伝統」と「歴史」を創っていきます。今日から、1年生・2年生のみなさんが様々なことに取り組み、残していく姿が「美しい残り姿」となり、確かな伝統を創っていってくれると信じています。これからも目の前の一つ一つのことに心を込めて取り組んでいきましょう。


（秋庭加恵手）

しっかりと自己実現を図った卒業生！

卒業生にとって、進路決定は大変な重圧であり、保護者のみなさんも十分にそれを感じた一年間だったはずです。その労をねぎらいつつ、立派に成長した卒業生の前途を祝した言葉を贈りたいと思います。

卒業生の保護者の皆様、ようこそ最後の保護者会にお集まりいただきました。

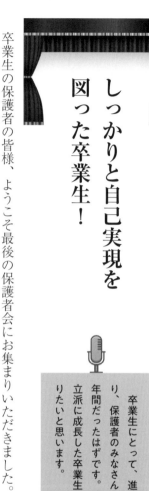

私は、目指す学校像のトップに「生徒、保護者、地域が一体となり、生徒の自己実現を図る学校」を掲げています。では、「生徒が自己実現を図る」姿とはどんな姿なのでしょうか。それは、３年生の進路決定時に、自分の進路について、自分の言葉でしっかり語ることができることだと考えています。３年生のみなさんとは11月以降、一人一人と面接をしてきましたが、みんな、自分の言葉で「高校で学びたいこと」「将来のなりたい姿」「この進路先を選んだ理由」等について、しっかりと説明してくれました。私にとっても、すばらしい機会に恵まれたと思っております。

私は、中学校の教育の目標は、生徒がその後の自分のキャリアを考え、方向性を得ることに尽きると思っています。そのために、まずは学習です。自分は何が得意で何が不得意なのか、自分をしっかり理解すること、これはキャリアを考えるうえで基本中の基本です。中学校で一番大切なことは授業であり、その時間に一番多くを割いているわけです。

また、学級活動や特別活動では、様々な体験を通して、自分の果たすべき役割や上級学校調べ、職場体験等から自らの進路について考える時間をもちました。そうした様々な活動を通して、自分はどのように生きていきたいのか、何を学ぶべきなのかを一緒に考えてきました。

その結果、卒業生となったみなさんは、生き生きと自分を語ることができる生徒に成長しました。もちろん、これは学校の力によるものではなく、常に子どもを見つめ、支え続けていただいた保護者の皆様がいたからこそであります。また、様々な面で学校を助けてくださった地域の皆様の協力があって成し得たことです。本当にありがとうございます。

さて、皆様には、三年間様々な形で生徒・学校を支えていただき、感謝に堪えません。今年の3年生が示してくれた姿はしっかりと在校生が受け継ぎ、卒業生に、いつでも安心して来校いただけるよう、よき伝統として紡いでまいります。

改めて、保護者の皆様におかれましては、常に子どもとともに様々な壁に当たりながらも、日々の努力と粘り強さで成長を促してこられました。その姿に私たち教職員一同は大変感動し、誇りに思っております。これからのお子様の道のりも必ずしも平坦ではないかもしれませんが、本校で培った力を信じ、自信をもって進んでいってほしいと願っております。これからの活躍を心から応援しております。おめでとうございます。


（井上貴雅）

離任式

新しい出会いの喜びを祝福する

離任式は、「儀式的行事」に位置づけられています。年度末で退職または他校に異動する教職員に感謝の念を伝えるとともに、今後も教えを大切にすることを誓います。

学校には、出会いがあると同時に別れがあります。出会いは大きな喜びをもたらしますが、別れはつらく悲しい思いを募らせるものです。しかし、よく考えてみれば、この3月末で退職される先生方は、4月からは、未知の世界で、新しい第二の人生を歩み始められるわけで、大いに祝福し、激励すべきことではないでしょうか。また、他校に異動される先生方は、新しい学校で多くの新しい仲間や生徒たちとの出会いが待っているわけで、これも大いに祝福し、激励すべきことです。

ですから、この別れを悲しむのはやめましょう。そして、去られる先生方がますます健康で、幸せな人生を歩んでいかれるよう、心から祝福しましょう。そして、みなさんは、去られる先生方から受けた教えを思い出し、深く胸に秘めて、これまで以上に、自分の力を信じ、自分の可能性を信じ、自分が信じる道を力強く歩んでいくことを誓いましょう。それが、去られる先生方にとって最もうれしいはなむけになるはずです。

では、ここで去られる先生方を紹介します。

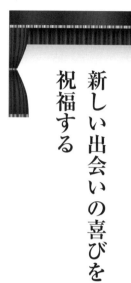

（一人一人の先生方の本校における経歴を簡潔に紹介するとともに、生徒たちに対して残された功績を紹介し、その労に対する感謝の言葉を添える）

では、最後に、本校の離任式における伝統の一つとなっている詩を群読*して、これまでお世話になり、ここでお別れする先生方の前途を祝福するとともに、先生方に教わったことを胸に、これからも○○中学校生としての自覚と誇りをもって、明日に向かって力強く歩んでいくという決意を表明しましょう。

＊詩の群読に関しては、国語科の教員の協力を得て、生徒たちに、離任式にふさわしい詩を選択させ、群読の練習も生徒たちに委ねて、実施します。なお、「詩の群読」に代えて、音楽活動が熱心な学校であれば、音楽科の教員の協力を得て、生徒たちに合唱曲を選択させ、音楽の時間や学年・学級活動等の時間に練習を積み、発表するのもすばらしい実践となります。

（新藤久典）

明日の周年式典を前に

開校以来、多くの方々に支えられて今の学校の姿があります。とはいえ、永い年月を感じ、感謝と誇りをもつことは難しいものです。地域の方の支援に気づかせる中で、式典に臨む生徒の心に感謝の気持ちを灯したいと思います。

みなさん、こんにちは。明日は本校の創立○周年式典がこの体育館で行われます。今日は、明日の式典を前にして、みなさんに○周年を迎えた本校の歴史をお話しし、みなさんに明日の式典に臨む心構えをつくっていただきたいと思います。

戦後間もない昭和22（１９４７）年に本校は○○区立中学校として誕生し、区内でも歴史と伝統のある学校として現在に至っています。みなさんのお父さん、お母さんだけではなくお祖父さんやお祖母さんも本校の卒業生だという人もいると思います。それほどの歴史と伝統が現在まで続いている学校です。１９４７年に開校して以来、明るく伸びやかで自由闊達な気風が伝統として脈々と受け継がれており、卒業生はすでに一万八千名を超える区内有数の学校となっています。

本校の南側には、コイやシラサギが姿を見せる□□川と緑豊かな武蔵野の面影を残す都立△△公園が広がり、「武蔵野台地の学舎」といってよいほどの緑豊かな環境の中で、開校以来みなさんの先輩たちは明るく元気に伸び伸びと学校生活を楽しんできました。そして、保護者や卒業生、地域の方々も本校をずっと支え続けてくださっています。今日はいい機会なのでお二人の方を紹介しましょう。

みなさんは毎朝の登校時に、いつも校門脇の植物に水をやっている男性を見かけていると思います。この男性も本校の卒業生で、仕事の前に学校に寄って植物に水をやってから出勤している方です。また、放課後、ソフトボール部員に毎日守備練習のためのノックをしている方は地域の商店の方です。今、みなさんに紹介した方たちの活動はこの一年間だけの活動ではありません。なんと三十年も前からずっと活動してくださっており、いかに本校が地域のみなさんに支えられてきたか、理解できると思います。

話は変わりますが、私が本校に着任した三年前に、ある先輩の校長先生からうかがったとても印象深い話をみなさんに紹介したいと思います。その校長先生のお話は、三十代半ばの若さで請われて学長になった、故ノートルダム清心学園理事長の渡辺和子先生が話された言葉についてでした。いくつかの言葉の中で私の心に強く残ったのが、「時間の使い方は命の使い方です」という言葉でした。先ほどみなさんに紹介したお二人の行動は、この言葉と重ね合わさりました。自分の仕事ではないのに、なぜ三十年間も続けることができたのか。単に水をやったりノックをしたりしているのではなく、ご自分の命の一部をこの活動に使っているという、尊い行為なのだと私は考えました。みなさんの周りには、このお二人だけではなく、学校を支えてくださっている多くの方々がおり、見守ってくださっています。これからも誇りと希望をもって中学校生活を過ごしてください。みなさんが在校する期間はわずか三年間ですが、本校を卒業したという誇りは遠い未来までもち続けることができます。

明日は、感謝と誇りを胸に抱いて周年式典に臨んでほしいと願っています。


（岡田行雄）

フロンティア・スピリット

周年記念式典は、地域の学校として歩んできた母校の歴史を振り返る大切な行事です。特に直近の十年間を支えてくださった地域の方々、ＰＴＡの方々に、在校生、教職員を代表して謝意を表します。

○○区立○○中学校が開校四十周年を迎えるにあたり、公私ともにお忙しい中、○○区長○○○○様をはじめ、多数の関係者の皆様のご臨席を賜り、このように盛大な記念式典が挙行できますことに、生徒・教職員を代表して衷心より御礼申し上げます。

さて、○○区の中学校教育は、昭和22年の十二校の新制中学校開校で始まりました。以来七十有余年、二十×校が次々に開校し、現在の××校に至っています。その中で本校は、昭和○年4月に区内○番目の中学校としてこの地に開校しました。

後発校の多くが、母体校一校から分離独立して開校しているのに対し、我が校の成り立ちは少し違います。母体校は、●●第五中、●●第六中、□□中、■■中の四校です。四校を母体とする分校……というよりもそれは、独立新校と呼ぶ方がふさわしい。これが○○中学校なのです。このことは、本校の開校前の仮称が●●第七中学校だったのに対し、その名称を使うことに、地域の方々の反対の声が上がったというエピソードからも裏づけられます。いずれにしても、四つの異なる中学校から集まった2年生○○名によって始まった我が校の歴史。それはあたかも、新しい大陸に、異なる文化、異なる故国をもつ人々が集い、新しい国家を創り上げることに似ています。ですから、その校名は、四つの中学校のいずれにもつながらない新たな名称「○○」でなければならなかったのです。

本校は、開校前後、宅地開発が進み始めたこの地域の方々の熱い思いから生まれた学校です。地域の皆様の心にあるフロンティア・スピリットに、本校は、四十年間支えていただきました。その熱い思いは、我が校独自の学校応援団「○○中を愛し育てる会」に脈々と受け継がれています。そして、このフロンティア・スピリットを如実に表しているのが校訓の「いま　ここ」です。よい学校で学びたい、働きたい、通わせたいと思うなら、「いま」、自分が通う、自分が勤める、子どもが学ぶ「ここ」、この学校を自らの手でよい学校にすればよい。この精神がチーム○○中を支えています。

来春、現3年生が巣立ちのときを迎えると、本校の卒業生は、一万名の大台を超えます。着々と歩んできたかに見える本校四十年の歴史は、決して平坦な道ばかりではなく、何回かの「荒れ」も経験しています。しかし、そのたびに、「いま　ここ」の校訓のもと、生徒と教職員、ＰＴＡが一丸となって乗り越えてきました。

これからも本校は、校訓「いま　ここ」の精神をもち続け、地域の皆様に愛され、同窓の皆様の誇れる母校として、未来に向けて歩み続けることをお誓い申し上げ、式辞といたします。（茅原直樹）

1　Challenge（挑戦）

学校生活の中で、臆せずに何事にも挑戦していく。失敗もあるかもしれませんが、そうした試行錯誤の中でこそ、主体的に考え、学ぶ力が身につき、自らを成長させることができます。

2　Create（創造）

日々の生活の中で、これまでにあるものややってきたことに少しだけ工夫を加える。それも立派な創造です。そうした積み重ねが新しい伝統や学校文化を生み出します。さらに、自分自身の将来や新しい世界を Create（創造）する力となります。

3　Communicate（対話）

人と人との関係は、話をするところから始まります。よりよいコミュニケーションを図ることで、よりよい人間関係を生み出し、お互いを信頼し合うことができます。また、多くの課題や問題は、話し合うことで解決することができます。

これら「三つの C」をキーワードにして、今年度も、一日一日を大切にして、充実した学校生活を送りましょう。

②夢や希望を持って取り組むことの大切さ

新入生を迎えて、令和◯年度がスタートしました。気分も一新し、新たな夢や希望に心が沸き立っているのではないでしょうか。

夢や希望があると、「これをやりたい！」とか「こうなりたい！」という気持ちが強くなります。それが、勉強や部活動、日々の努力につながります。何かを目指すことで毎日がもっと楽しくなります。

夢を追いかけると、新しいことを学んだり、チャレンジしたりする機会が増えます。それが、自分をもっと強く、賢くしてくれます。失敗してもそこから学ぶことができるし、成長するチャンスにもなります。

さあ、今年度も自分を成長させ、充実した学校生活を送りましょう。

付録

学校だよりの巻頭言
話題と文例

April 4月

[4月の話題]

■学校の教育目標を伝える
■夢や希望をもって取り組むことの大切さ
■学校の特色と目指す学校像について
■目指す生徒の姿について伝え、生徒の意欲を喚起する
■入学式の様子を述べ、式辞の内容の趣旨を伝える
■着任のあいさつ・校長としての抱負（新たに着任した場合）

[4月の巻頭言の文例]

①学校の教育目標を伝える

いにしへ《え》の　奈良《なら》の都《みやこ》の　八重桜《やえざくら》　けふ《きょう》九重《ここのえ》に　にほひ《おい》ぬるかな

伊勢大輔《いせのたいふ》（小倉百人一首より）

例年より早い開花を迎え、ソメイヨシノは葉桜となりましたが、開花の遅い八重桜は、満開で新入生を迎えてくれました。花曇りの空の下、4月●日(●）に新入生○○名を迎えて、全校生○○○名が、新たなスタートを切りました。

学校教育目標
○挑戦 Challenge　○創造 Create　○対話 Communicate

これは、本校の教育目標です。

漢字が成立したのは、3300年前のことといわれています。助け合うことの大切さ、友達の大切さは、人類が社会的な生活を始めてから、現代までずっと変わらないということです。

さて、5・6月は、運動会をはじめたくさんの学校行事があります。それぞれの行事ごとに目的は違いますが、「手を取り合って助け合う」ということが大前提となります。学校行事を通して友情を育んでいきましょう。

②伝統を受け継ぐ

○○中学校は、委員会活動が盛んです。各委員会が様々な活動を企画して、学校生活を楽しいものにしています。ここで放送委員会のお昼の放送を取り上げます。運動会に向けての放送です（一部抜粋）。

みなさんこんにちは。これからお昼の放送を始めます。みなさんはもうソーラン節の練習は完璧ですよね!! ところで、○○中の伝統ともいえるこの「○○中ソーラン」はいつから続いているのか知っていますか？ 20年くらい前に○○中学校にいらした先生に、質問することができました。その先生によると、20年前までは、男子が、上半身裸で応援合戦をしていたそうです。上半身裸のスタイルに、あるとき男子から恥ずかしいと声が上がりました。生徒と先生たちは話し合いました。その頃は、今と違って、学校がとても荒れていたそうです。そこで、男子と女子が一緒になって協力して一つのことをやり遂げるのがよいのではないだろうかと。その結果始まったのがこの「○○中ソーラン」です。

このように、今では学校の伝統となっているものも、その当時の生徒や教員の思いが込められています。この場合、「男女が一緒になって協力して一つのことをやり遂げる」という思いが、受け継がれてきているのです。形だけを受け継ぐのではなく、そのことが生まれたときの思いを伝えるのが、本当の意味での伝統を受け継ぐということになるのです。

今年の○○中ソーランが、楽しみです。

May 5月

[5月の話題]

■運動会に向けて生徒の意欲を高める
■修学旅行に向けて生徒の意欲を高める
■友情について考える
■伝統を受け継ぐ
■新しい人間関係について
■他者を大切にすることとは

[5月の巻頭言の文例]

①友情について考える

めぐりあひ《い》て　見《み》しやそれとも　わかぬまに　雲《くも》がくれにし　夜半《よは》の月《つき》かな

紫式部（小倉百人一首より）

「幼友達と久しぶりに逢ったが、ほんのわずかな時間しかとれず、月と競うように帰ったので詠んだ」――作者の紫式部の言葉です。再会した幼友達と積もる話もできずに帰られてしまった寂しさを詠んだ歌です。紫式部は今から1000年以上も前の人です。昔から、友達を大切に思う気持ちは、変わらないということです。

「友」という漢字の成り立ちを調べてみると次のように書かれていました。

「又」と「又」を組み合わせた形。「又」は右手の形。手と手を取り合って助け合うという意味となり、助け合う人間関係「とも、ともだち、なかま」の意味に用いる。（白川静『常用字解』平凡社）

文化の奥深さを感じさせられました。伝統文化が残されているのは、京都だけではありません。私たちの生まれ育った町にも、個性的で、特徴的な伝統文化が残っているはずです。

伝統文化を大切にすることは、過去から未来へとつながるバトンを引き継ぐことです。それによって、私たちは自分たちの歴史を学び、未来に向かって成長していくことができます。ぜひ、地域の歴史や伝統文化について知り、大切にしていきましょう。

②楽しむことは成長すること

No fun, no gain.　楽しまなければ、得るものなし。

英語の慣用句です。何か目標を達成するには、その過程を楽しまなければ、達成できないという意味です。

もともとは、No pain, no gain.　**痛みなくして、得るものなし**。でした。苦労をしなければ、何かを成し遂げることはできないという戒めの言葉として用いられてきました。今でも辞書を引くとこの慣用句が出てきます。

しかし、最近は、何か目標を達成するには、苦労するより、楽しんだ方が達成しやすいということが分かってきました。心理学の世界で実証されてきています。みなさんも、スポーツ選手が、優勝がかかった大一番の前に、インタビューで「最高の場面を楽しみたいと思います」などと答えているのを聞いたことがあるのではないでしょうか。

目標を達成するためには、我慢しなければならないことがあったり、苦手なことを行わなければならない状況になったりします。しかし、それらを「嫌だ。嫌だ。」と思いながら行っても、うまくいかないことが多いようです。苦しい状況を気持ちの持ち様で楽しむことができれば、きっと目標を達成することができます。そうすることで、自分の成長を自ら感じることができるはずです。楽しむことは、成長することです。

June

6 月

[６月の話題]

- ■行事を日常につなげることの大切さ
- ■運動会を振り返り、生徒の取組をたたえる
- ■一体感について
- ■修学旅行から考える日本の伝統文化
- ■学校生活を楽しむことが成長につながる
- ■定期考査に向けて、学ぶことの意義について
- ■日々の積み重ねの大切さ
- ■委員会活動等を取り上げて、人の役に立つことの大切さ

[６月の巻頭言の文例]

①修学旅行から日本の伝統文化を考える

風《かぜ》そよぐ　ならの小川《おがわ》の　夕暮《ゆうぐ》れは　みそぎぞ夏《なつ》の　しるしなりける

従二位家隆《じゅにいいえたか》（小倉百人一首より）

修学旅行で、京都の上賀茂神社を訪ねました。

境内には、小川が流れており、立札に上記の和歌と次のような説明が書かれていました。

「小倉百人一首の古歌で有名な『ならの小川』で、平安の昔、神職がみそぎを修《しゅ》していた情景を詠んだものである。この辺りを『ならの小川』と称する。」

「みそぎ」とは、神に祈る前に川の水で身を清めることです。1000年前に詠まれた和歌が残っていて、また詠んだ場所も保存されている。日本の伝統れを**表現して、様々な意見を聞き、次の疑問へ**とつなげていくものです。今、世の中にある学問は、すべてこのサイクルを通して発展してきました。このような学習方法を**探求学習**と言います。みなさんも普段の授業や活動の中で、このサイクルを回していることがあると思います。それらはすべて探求学習です。「学ぶ」ことの本質です。そして、それはとても楽しいはずです。探求学習のサイクルをどんどん回して、楽しみながら頭脳を鍛えていきましょう。

②夏休みの過ごし方

あと三週間ほどで、夏休みです。充実した夏休みを過ごすために、三つの俳句に寄せて、三つのポイントについて述べてみます。

閑《しず》かさや岩《いわ》にしみ入《い》る蟬《せみ》の声《こえ》　　松尾芭蕉《まつおばしょう》

例年以上に暑い日が続いています。あまりの暑さに蟬も戸惑っているのか、まだ鳴き声を耳にしていません。今年も非常に暑い夏休みになりそうですが、熱中症にならないように注意しましょう。まだまだ感染症にも注意が必要です。規則正しい生活を続けて、健康管理に気をつけましょう。

夏河《なつかわ》を越《こ》すうれしさよ手《て》に草履《ぞうり》　　与謝蕪村《よさぶそん》

暑い夏の日に足を水に浸すのは、気持ちいいものです。海や山や川へと家族で出かける機会もあるかと思います。大いに自然に親しんでほしいと思います。ただし、水の事故には十分注意しましょう。遊泳禁止の場所では、決して泳がない。また、高波、河川の急な増水や集中豪雨にも注意しましょう。

算術《さんじゅつ》の少年《しょうねん》しのび泣《な》けり夏《なつ》　　西東三鬼《さいとうさんき》

夏休みは自分のペースで学習をするチャンスです。好きな教科をどんどん伸ばす。苦手な教科にじっくり取り組む。また、興味のあることを自由に研究してみるのもよいでしょう。いずれにしろ、計画的に取り組みましょう。俳句の少年のように、数学の宿題が終わらなくて泣くことがないように。

みなさんが、充実した夏休みを送り、さらに成長した姿で戻ってくることを期待しています。

July 7月

［7月の話題］

■1学期の振り返り
■学ぶということ（学習の振り返り）
■夏休みの過ごし方
■学校行事の報告
■夏季移動教室への意欲を高める
■部活動夏季大会について
■地域活動や行事の報告
■七夕の由来と伝統

［7月の巻頭言の文例］

①学ぶということ（学習の振り返り）

夏《なつ》の夜《よ》は　まだ宵《よい》ながら　あけぬるを　雲《くも》のいづ《ず》こに　月《つき》やどるらむ《ん》

清原深養父《きよはらのふかやぶ》（小倉百人一首より）

今週末は、七夕です。中国最古の詩集「詩経」に織姫（織女）と彦星（牽牛）の名前が登場し、これが七夕の伝説の始まりとされています。織姫と彦星が出会えるよう、今年こそ晴れるとよいですね。

１学期のまとめの時期です。今学期に何を学んだのか、何を身につけたかについてしっかりと振り返りましょう。

学ぶということは、もともと、自分で**疑問をもち**、それを調べたり、実験したりして**情報を集め、整理、分析**して、解決していくことです。そしてそ

学校が楽しいと感じている生徒が多いことが分かります。「学校に行くのは楽しいと思いますか」という問いに対して、85%の生徒が「そう思う」「どちらかといえばそう思う」の肯定的な回答をしています。これは、全国や東京都の平均よりも３ポイントほど上回っています。また、「自分にはいいところがあると思いますか」という問いに対しては、90%の生徒が肯定的な回答をしており、全国や東京都よりも10ポイント上回っています。このデータからは、本校生徒の自己肯定感の高さがうかがえます。「学校が楽しいこと」と「自己肯定感が高いこと」に相関関係があるかどうかは分かりません。しかし、楽しく、充実した学校生活を送ることで、自信もわいてくるのではないでしょうか。これからは、気候もよく、活動しやすい時期となります。学習に学校行事にと、楽しみながら、力を発揮していきましょう。

② SDGsと国際理解教育について

現代は、グローバル社会であるといわれています。国を越えて、多様な人々と協働していくことが求められています。みなさんが社会人になる頃は、ますますその傾向が強くなっていることでしょう。なぜなら、現在の様々な課題は、一つの国の努力だけでは解決することができないからです。世界の国々が協働しなければ、解決することはできません。

そこで、国際連合は2015年９月に、世界をよくするための17の目標を定めました。これを「SDGs：Sustainable Development Goals」と言います。日本語では「持続可能な開発目標」と翻訳されています。「持続可能」とは、地球が私たちの住める環境であり続けるようにという意味であると同時に、私たちが取り組み続けられることをしよう、という意味があります。

本校でも、９月以降に他国の生徒とオンライン会議を開催し、SDGsの課題について話し合いをする予定です。この取組を通して、多様な人々と、互いの考えを尊重しながら協働する力を身につけていきましょう。

September

9月

[9月の話題]

- ■2学期の目標を立てよう
- ■秋の行事紹介（運動会・文化祭）
- ■秋の校外行事について
- ■防災の日に備えて
- ■秋の食育特集
- ■地域との交流について
- ■全国学力学習状況調査の結果について
- ■SDGsと国際理解教育について

[9月の巻頭言の文例]

①全国学力学習状況調査の結果について

秋風《あきかぜ》に　たなびく雲《くも》の　絶《た》え間《ま》より　もれいづ《ず》る月《つき》の　影《かげ》のさやけさ

左《さ》京《きょうの》大《だい》夫《ぶ》顕輔《あきすけ》（小倉百人一首より）

昨日８月31日は満月でした。８月二度目の満月です。一か月で二回満月になることは非常に珍しいことだそうです。この二度目の満月をブルームーンと言うそうです（諸説あり）。まだまだ、夏の盛りのような暑い日々が続きますが、美しい月を眺めて少しでも秋の気分を味わいましょう。

今日から学校生活が再開です。たくさんの友達に会えて、うれしく思う人も多いでしょう。学校が始まることを心待ちにしていた人もいることでしょう。３年生が４月に行った全国学力学習状況調査の生徒質問紙の結果からも、

選手は、この日のために、夏休み中から一生懸命練習を重ねてきました。それぞれが自己ベスト更新を目指して、全力で取り組んでくれました。また、応援団も９月から応援練習を開始しました。選手一人一人が最高のパフォーマンスを発揮できるように、工夫を凝らした応援をつくり上げてきました。今年度から声出しの応援が可能になりましたので、昨年以上の盛り上がりを見せました。選手も心のこもった声援をうけて、実力以上の力を発揮できたようです。フィールドと応援席が一つとなり、学校全体で大きな一体感を感じることができました。スポーツの力を実感する一日となりました。

②読書の楽しみ

新聞に、瀬戸内海の島々を回っていた図書館船「ひまわり」が「ふね遺産」に指定されたという記事が掲載されていました。かつて瀬戸内海の各島には、図書館がありませんでした。そこで図書館船が島々を巡って、本の貸し出しを行っていたというのです。ネット注文で本を購入したり、電子書籍を読んだりできる現代では、考えられないことです。図書館船「ひまわり」も1981年には、お役御免になったそうです。しかし、活躍している当時、島の子どもたちは「ひまわり」の到着を心待ちにしていたそうです。

読書は楽しいものです。本を読むことで、現実とは別の世界で遊ぶことができます。また、他の人の体験を知ることができます。追体験です。さらに、新しい知識を得たり、自分では思いもしなかったような考え方を知ったりすることができます。何より、読書は作者と自分との一対一のコミュニケーションです。しかも、絶対に会うことのできない昔の人や、現実になかなか話す機会のない著名人と気楽に会話を楽しむことができるのです。読書は、人間だけがもつ喜びであり、自分で自分の人生を深めていけるものです。読書には、人間を成長させていく力があります。

10月27日～11月９日の二週間は、読書週間です。読書に関する様々なイベントも開催されます。この機会にぜひ、読書に親しみましょう。

October

10月

[10月の話題]

■実りの秋にちなんでこれまでの教育活動の成果を振り返る
■スポーツの日にちなんだ運動会(秋開催の場合)やスポーツ大会について
■読書週間について
■文化祭や学芸発表会の準備について
■秋の遠足や校外活動の報告
■学力向上について
■食欲の秋にちなみ、食育について
■秋の自然保護活動
■地域行事への参加と社会貢献

[10月の巻頭言の文例]

①スポーツの力

夕《ゆう》されば　門田《かどた》の稲葉《いなば》　おとづ《ず》れて　蘆《あし》のまろやに　秋風《あきかぜ》ぞ吹く

大納言《だいなごん》経信《つねのぶ》（小倉百人一首より）

台風が去り、このところ晴天の日が続いています。日中は夏の名残で気温が高くなっていますが、朝晩はさわやかな秋風が吹いています。

抜けるような青空の下、９月○日（○）に○○区中学校陸上競技大会が、国立競技場で開催されました。初めて足を踏み入れる生徒も多く、その広さに圧倒されたようです。このような競技場で陸上競技大会を行ったことは、きっと一生の思い出になることでしょう。

にもたくさんの「輝く一瞬」を目にすることができました。実演しているみなさんは、自分の姿を見ることはできませんが、きっとじりじりするような緊張感や集中あるいは一体感といったものを感じていたのではないでしょうか。そして、その「一瞬」は「永遠」にみなさんの心の中に残ります。そして、心を豊かにしていきます。心をつくっているといっても言い過ぎではありません。まさに「一瞬＝永遠」なのです。これからも一瞬一瞬を大切に、「輝く一瞬」を増やしていきましょう。

②新しい文化の創造

11月３日は文化の日です。「自由と平和を愛し、文化をすすめる」という日本国憲法の趣旨から制定された祝日です。様々な文化を楽しみ味わい、新しい文化を創造していく。文化について考える日として制定されました。

新しい文化の創造といっても、芸術家でも文化人でもない私たちとは関係ないことのように感じられます。しかし、私たちの何気ない日常の中でも、日々新しい文化の創造がなされています。

例えば、みなさんが日々の授業で行う表現活動も立派な文化の創造です。国語の時間に文章を書く。音楽の時間に合唱をする。美術の時間にポスターを描く。体育の時間に創作ダンスを踊る。これらの表現活動は、すべて新しい文化の創造です。表現活動だけではなく、生徒会活動で校則を見直す。係や当番の仕事の効率化を図る。こういった活動もすべて文化の創造といえます。そう考えると、私たちの日常は、新しい文化の創造で満ちあふれています。

今や人工知能（AI）の進歩は著しく、諸説ありますが、今後30年で今ある職業の50％～60％が、AIに取って代わられるといわれています。しかし、どんなにAIが進歩しても「創造する」ことはできません。新しい文化の創造は人間にしかできないのです。

みなさんも新たな文化の創造者です。日々の生活を大切にしていきましょう。

November

11月

[11月の話題]

- ■文化祭や学芸発表会の振り返り
- ■文化の日にちなみ、文化の創造について
- ■勤労感謝の日にちなみ、感謝を伝えることの大切さ
- ■勤労感謝の日にちなみ、職場体験と勤労の意義について
- ■ボランティア活動や地域貢献
- ■秋の遠足や校外学習の振り返り
- ■紅葉の観察から、日本の四季の美しさについて
- ■自分の将来について考えることの大切さ

[11月の巻頭言の文例]

①学芸発表会の振り返り～一瞬＝永遠～

白露《しらつゆ》に　風《かぜ》の吹《ふ》きしく　秋《あき》の野《の》は　つらぬき留《と》めぬ　玉《たま》ぞ散《ち》りける

文屋朝康《ふんやのあさやす》（小倉百人一首より）

この和歌は、吹きつける秋風に、葉の上の白露が、宝玉のように輝きながら散りこぼれていく様子を捉えたものです。この美しく輝く一瞬を書き記したことで、何百年もたった今でも名歌として残っているのです。

10月○日（○）に学芸発表会を挙行しました。学芸発表会の中にも「輝く一瞬」がたくさんありました。演奏が始まるときの指揮者のタクトに全員の視線が集中している瞬間。発表で、最初の一声を発する直前の緊張の面持ち。合唱で、歌い出す直前に全員のブレスが一つとなった瞬間……。これら以外

か。それには、「**多様な他者を尊重する**」態度を身につけることです。人間は一人一人違います。考え方も、得意なことも、好きなものも違います。自分以外は、すべて他者です。自分とは違う人間です。その他者が、世界の人口と同じだけ存在しています。これが「**多様な他者**」です。「**尊重する**」というのは、自分を大切にするのと同じように相手も大切にすることです。相手が自分同様にすばらしい人間であると認めることです。

この人権週間をきっかけにして、「**多様な他者を尊重する**」ということについてしっかりと考えていきましょう。

②今年一年の振り返りをしよう

吹《ふ》くからに　秋《あき》の草木《くさき》の　しを《お》るれば　むべ山風《やまかぜ》を　あらしといふ《う》らむ《ん》

文屋康秀《ふんやのやすひで》（小倉百人一首より）

校庭の木々の葉も散り始めています。これから寒さがますます強まっていきます。防寒着などを用意して体温調節に注意しましょう。

12月は師走と呼ばれます。僧侶（師）のような普段落ち着いている人でも、この月は忙しくて走り回るようになるという意味から名づけられたといわれています。現代でも12月は、何かとあわただしい月となっています。学校も２学期の締めくくりや冬休みに向けての準備などで、生徒も教職員も走り回っているような状態になります。あわただしい中ですが、落ち着いてこの一年間を振り返ってほしいと思います。まず、今年の元日に立てた目標を思い出しましょう。達成できましたか。達成できなかった人は、どれだけ目標に近づいたかを考えてみてください。近づいた分だけ、あなたが成長したということになります。

目標を思い出せない人は、今年のカレンダーを見ながら、月ごとにどんなことがあったかを振り返ってみましょう。きっとその中に自分の成長を見つけることができるはずです。

今年一年を振り返り、新しい年をより成長できる年にしていきましょう。

December

12月

[12月の話題]

■人権週間にちなみ、人権について考える
■一年間の振り返り
■一年間を通して関わった人々への感謝
■冬休みの過ごし方と冬の健康管理
■家族との絆を深める
■新しい年に向けた準備

[12月の巻頭言の文例]

①人権について考える

12月10日は、「人権デー」です。国際連合は、1948年12月10日、世界における自由、正義及び平和の基礎である基本的人権を確保するため、すべての人々とすべての国とが達成すべき共通の基準として、**「世界人権宣言」**を採択し、12月10日を**「人権デー」**と定めました。日本では、1949年から毎年、「人権デー」を最終日とする一週間（12月４日～10日）を**「人権週間」**と定め、人権尊重の考え方を広めていくこととしました。

東京都は、主な人権課題として「女性の人権問題」「子供の人権問題」「インターネットによる人権侵害」など17以上もの課題を挙げています。人権課題は、偏見や差別意識によって、他者の人権を無視してしまうことが原因です。

では、偏見や差別意識をもたないようにするにはどうしたらよいでしょう

一年、一月、一日のそれぞれ最初に計画を立てて過ごすことで、充実した日々を送り、目標が達成できるという意味です。

みなさんもきっと、「今年はこんなことをしたい」とか「今年の目標は○○だ」と考えたことと思います。その目標を達成するために、一年の計画を立ててみましょう。そして、それを各月に分割して、落とし込んでみましょう。さらに、その日に行うことを朝にチェックしましょう。きっとこれまで以上に充実した一年になることでしょう。

② Think Globally, Act Locally

1月24日は「教育の国際デー」です。世界の平和と開発のために教育が果たす重要な役割を確認し尊重することを目的に、2018年12月3日の国連総会で制定されました。この日にちなみ、世界と私たちの日々の生活について考えてみたいと思います。

Think Globally, Act Locally

みなさんは、この言葉を聞いたことがありますか。最近よく耳にするようになりました。「世界規模で考えて、身近なところから行動せよ」という意味です。いろいろな捉え方がありますが、私は、「日々の行動の積み重ねが、世界をよりよくすることにつながる」と解釈します。今年は特にこの言葉が大きな意味をもつのではないかと考えます。日本が大きな災害に見舞われました。世界を見ても、紛争や戦争は終わっていません。世の中の大変な状況を考えると一人一人の力は小さなものに思えます。何も変えることができないように思います。しかし、自分の目の前の課題を一つ一つ解決することが、必ず世の中を、世界を改善していくことにつながります。例えば、世界的な海洋プラスティックの問題にしても、プラスティックごみを削減することやリサイクルすることは、問題の解決に貢献することになります。この活動は個人の活動から、自治体、国、世界中に広がり、徐々に成果を上げています。自分の行動は必ず世界に通じている、そう信じて行動していくことが大切です。まず、できるところから始めていきましょう。

January 1月

［1月の話題］

■新年の抱負
■新年の伝統と文化
■冬休みについて
■３学期のスタート
■地域活動や行事の報告
■教育の国際デーにちなみ、世界について考える

［1月の巻頭言の文例］

①新年の抱負～一年の計は元旦にあり～

田子《たご》の浦《うら》に　うちいでて見《み》れば　白妙《しろたえ》の　富士《ふじ》の高嶺《たかね》に　雪《ゆき》は降《ふ》りつつ

山部赤人《やまべのあかひと》（小倉百人一首より）

明けましておめでとうございます。冬休みは有意義に過ごすことができたでしょうか。みなさんは、元日にどんなことを考えましたか。昔から「**一年の計は元旦にあり**」といわれています。「充実した一年を送るためには、その年の最初に計画を立てましょう」という意味です。この言葉の由来は、戦国武将の毛利元就が息子にあてた手紙に記したものだという説があります。また、中国の古典に書かれていたという説もあります。

ここでは、毛利元就の言葉を紹介します。

一年の計は春にあり　一月の計は朔《ついたち》にあり　一日の計は鶏鳴《けいめい》にあり

春とは新春のこと、朔は各月の最初の日、鶏鳴は鶏が鳴く早朝のことです。

人や家庭の生活を維持するということ。二つ目は、社会の中で一定の役割を果たして、社会を支えるということ。三つ目は、自分の能力や個性を生かして自分の目的を実現するため、いわゆる自己実現のためであるということです。このどれもが、働くことの大切な意義ですが、特に三つ目の自己実現について考え、将来の自分が就きたい職業について考えることは、自らの生き方について考えたり、将来の夢や希望をもったりすることにつながります。ぜひ、この機会に自分の将来について考えてみましょう。

②芸術の力

１月に○○中学校展覧会を開催しました。豊かな個性、高い芸術性、地道な努力が感じられるものなど力作ぞろいでした。芸術作品には、人の心を動かす力があります。芸術の力について考えてみたいと思います。

先日、「キース・へリング展」に行ってきました。キース・へリングは、アメリカの現代画家です。1980年代にニューヨークの地下鉄構内にチョークで描いた作品を皮切りに、ストリートで作品を発表して有名になりました。

明るくポップな作風で、楽しいものが多かったのですが、一番印象に残ったのは、エイズ支援活動のポスターです。

ポスターの上部には、**IGNORANCE=FEAR（無知は恐怖）**と書かれています。人間は知らないことを怖いと感じます。怖いものには目をふさぎます。それが、偏見を生み、差別につながります。下部には、**SILENCE=DEATH（沈黙は死）**と書かれています。暴力や差別を見て見ぬふりをして黙っていることは、誰かの死につながるという意味でしょうか。あるいは、黙っている人の良心の死につながるという意味かもしれません。

キース・へリングは、社会に潜む暴力、不平等や偏見に対して、芸術の力で闘いました。芸術には、世の中を変える力があります。

みなさんは、今、芸術を含め様々なことを学んでいます。ぜひ、できるだけ広い視野で、多くのことを学んでください。そのことがみなさんを「無知の恐怖」から解放し、みなさんの心を偏見のないものにしていくことでしょう。

February

2月

[２月の話題]

- ■節分と季節の変わり目について（春の訪れ）
- ■期末考査に向けて学習の総まとめをしよう
- ■友人関係を振り返ろう
- ■スキー教室の実施に向けて、寒さに負けない体力づくりを
- ■職場体験を通して、将来について考えよう
- ■校内展覧会を振り返り、芸術作品について

[２月の巻頭言の文例]

①将来について考えよう～働くことの意義～

人《ひと》はいさ　心《こころ》も知《し》らず　ふるさとは　花《はな》ぞ昔《むかし》の　香《か》ににほ《お》ひ《い》ける

紀貫之《きのつらゆき》（小倉百人一首より）

２月になりました。３日は節分、４日は立春です。暦の上ではもう春です。校庭の紅梅もつぼみをふくらませています。春は着実に近づいています。

３年生は、自らの進路を切り拓くために、懸命の努力を続けています。また、２年生も職場体験に向けて、準備をしています。

２月○日～○日の三日間、２年生全員が30以上の事業所に分かれて、職場体験をさせてもらいます。保護者や教職員以外の大人と接し、様々なご指導を受ける貴重な機会となります。この大切な機会をもっと有効に生かすためにも、働くことの意義について考えてほしいと思います。

働くことには三つの意義があるといわれています。一つは、収入を得て個

ことや世間一般のことは自分には関係のないことであるという意識が強かったということかもしれません。しかし、今やSDGsの課題のように、様々な社会問題や世界的な課題は、一人一人が、主体的に関わっていかなければ解決しないことが分かっています。そのことから「自分事」という言葉が、「他人事」の反対語として生まれたのだと考えられます。

言葉は、時代によって変化したり、新しく生まれたりします。「自分事」が生まれたということは、一人一人が、社会や世界と主体的に関わっていかなければならない時代が訪れたということを意味します。

みなさんは、これからの社会や世界の形成者です。「自分事として捉える」ということを意識して、思う存分、力を発揮していってください。

②新年度に向けて～積み重ねの上に発展がある～

「巨人の肩の上に立つ」この言葉を知っていますか。万有引力の法則の発見で有名な17世紀の科学者アイザック・ニュートンの言葉だといわれています。確かに巨人の肩の上に立てば、はるか遠くまで見通せますね。

「巨人」とは、先人の発見や発明のことです。「肩の上に立つ」とは、それらを基礎にして、新しい発見や発明をすることを意味します。これはまさに、知識や学問は何かということの根本を表しています。「人類の叡智とは積み重ねの結果である」ということでしょう。そして積み重ねの結果、高度に発達した現代社会がつくられたのです。

また、学校の意義もここにあります。「巨人の肩の上に立つ」ために、先人の発見、発明や考え方を体系的に学ぶ場所が学校です。ピタゴラスの定理もメンデルの法則も、それぞれが一生を費やした発見をみなさんは数時間で自分のものにしています。

３年生は、いよいよ卒業です。中学校で学んだことをもとに、さらに新しい知識や考え方を進路先で積み上げていくのです。１・２年生も進級して、新しいことを積み上げていきます。４月以降も「巨人の肩の上に立ち」、それぞれの場所で全力を尽くしましょう。

March 3月

［3月の話題］

- ■一年間の振り返り
- ■進級・進学へ向けてのメッセージ
- ■卒業生への感謝の気持ちを伝えよう
- ■卒業式に向けて、三年間の振り返り
- ■新年度に向けて
- ■出会いと別れについて

［3月の巻頭言の文例］

①進学へ向けてのメッセージ～自分事⇔他人事～

高砂《たかさご》の　尾《を》の上《へ》の桜《さくら》　咲《さ》きにけり　外山《とやま》の霞《かすみ》　立《た》たずもあらなむ《ん》

前中納言《さきのちゅうなごん》匡房《まさふさ》（小倉百人一首より）

校庭の桜もピンクのつぼみをふくらませています。春はもうすぐです。

最近、「自分事（じぶんごと）」という言葉をよく聞いたり、目にしたりします。「社会全体の課題を自分事として捉え、…」というような使われ方をします。「自分に関係のある事柄」というような意味でしょう。あまり聞き慣れない言葉だったので調べてみました。広辞苑には、載っていませんでした。代わりに「他人事（ひとごと）」は載っていました。意味は、「自分とは無関係な他人に関すること。また、世間一般のこと」とありました。「他人事」という言葉が辞書に載っていたということは、「他人事」という言葉がこれまでよく使われてきたということです。つまり、我々日本人は、他人の

【執筆者一覧】

田中　洋一（東京女子体育大学名誉教授）
新藤　久典（元国立音楽大学教授・元公立中学校長）
三田村　裕（八王子市立上柚木中学校長）
栗林　昭彦（小平市立小平第一中学校長）
中嶋富美代（八王子市立いずみの森義務教育学校統括校長）
井上　貴雅（練馬区立石神井西中学校長）
秋庭加恵手（豊島区立西巣鴨中学校長）
堀越　　勉（千代田区立麹町中学校長）
内野　雅晶（江戸川区立葛西小学校・葛西中学校統括校長）
岡田　行雄（元帝京大学教職大学院教授・元公立中学校長）
原　　　忍（日本文化大學専任講師・元公立中学校長）
松岡　敬明（元十文字学園女子大学教授・元公立中学校長）
臼倉　美智（東京家政大学特任教授・元公立中学校長）
茅原　直樹（江戸川区立二之江中学校長）
小幡　政明（渋谷区教育センター・元公立中学校長）

【監修者紹介】

田中　洋一（たなか　よういち）

東京女子体育大学名誉教授。横浜国立大学大学院修了，専門は国語教育。東京都内公立中学校教諭を経た後，教育委員会で指導主事・指導室長を務め，平成16年より東京女子体育大学教授，令和５年度より現職。この間，中央教育審議会国語専門委員，全国教育課程実施状況調査結果分析委員会副主査，評価規準・評価方法の改善に関する調査研究協力者会議主査などを歴任する。平成20年告示学習指導要領中学校国語作成協力者，光村図書小・中学校教科書編集委員，21世紀国語教育研究会会長。

【編者紹介】

中学校スクールマネジメント研究会

（ちゅうがっこうすくーるまねじめんとけんきゅうかい）

中学校長のための入学式・卒業式＆行事のあいさつ集

2025年２月初版第１刷刊　©監修者　田中洋一
編　者　中学校スクールマネジメント研究会
発行者　藤原光政
発行所　明治図書出版株式会社
http://www.meijitosho.co.jp
（企画）林　知里（校正）西浦実夏
〒114-0023　東京都北区滝野川7-46-1
振替00160-5-151318　電話03(5907)6703
ご注文窓口　電話03(5907)6668

＊検印省略　組版所　長野印刷商工株式会社

Printed in Japan　ISBN978-4-18-781724-8